Winfried Palmowski

Der Anstoß des Steines

Systemische Beratung im schulischen Kontext – Ein Einführungs- und Lernbuch

Winfried Palmowski

Der Anstoß des Steines

Systemische Beratung im schulischen Kontext

Ein Einführungs- und Lernbuch

borgmann

Veröffentlicht in der Edition:
borgmann publishing · Schleefstraße 14 · D-44287 Dortmund

Titelgrafik: Peter Kaste, Erlangen

6., unveränderte Aufl. 2007
Gesamtherstellung: Löer Druck GmbH, Dortmund

Bestell-Nr. 8374 ISBN 978-3-86145-222-5

Inhalt

Zwei Vorbemerkungen

„Jede Figur in diesem Buch ist das sorgfältige Ebenbild einer lebenden Person, von denen jede nicht nur über die genaue, sondern auch über die nachsichtige Charakterisierung ihrer selbst entzückt war. Jede Ähnlichkeit mit nicht zu Rate gezogenen Personen ist daher unbeabsichtigt.“

(Margery Allingham in: Überstunden für den Totengräber, Diogenes, Zürich, 1988, Vorbemerkung)

„Es gibt nichts, was du nicht beweisen kannst, wenn nur dein Horizont beschränkt genug ist.“

(Lord Peter Wimsey in Dorothy L. Sayer: Ein Toter zu wenig, Wunderlich, Tübingen, 1981, 90)

Vorwort zur 5. Auflage

„Never change a winning team!“, heißt ein bekanntes Motto, nach dem Manager oder Trainer im Sportbereich eine Mannschaft oder ein Konzept, das sich als erfolgreich erweist immer wieder unverändert ins Rennen schicken. Es läge nahe, sich an diesen Wahlspruch zu halten, wenn ein Fachbuch, wie das hier vorliegende, sechs Jahre nach seiner Erstveröffentlichung bereits in der fünften Auflage erscheint. Offensichtlich entspricht es dem, was die Leser von ihm erwarten: Eine Einführung, nicht zu umfangreich, verständlich geschrieben, mit möglichst vielen Beispielen und klaren Handlungsangeboten.

Das Dilemma, das sich für mich als Autor in zunehmendem Maße abzeichnete, besteht ganz simpel darin, dass manches von dem, was ich vor sieben Jahren zu Papier brachte, mir bzw. meinem Denken heute nicht mehr hinreichend entspricht. Viele einzelne Aspekte bedürften einer wesentlich umfangreicheren und präziseren Darstellung. Neue zusätzliche Sichtweisen und Überlegungen sind hinzugekommen. Diesbezüglich bin ich den vielen Kollegen und Kolleginnen, die mir durch ihr Zuhören, Fragen stellen, Ideen formulieren, sich skeptisch zeigen sowie den Klienten, die bereit waren, mich an ihren Geschichten teilhaben zu lassen, zu großem Dank verpflichtet.

Ich habe mich bei der Überarbeitung bemüht, nicht aus dem Auge zu verlieren, dass sich hier um eine Einführung handelt und nicht um ein Kompendium. Dies ist mir nicht immer leicht gefallen, aber viele Textstellen habe ich nur redaktionell umformuliert, aktualisiert und mit zusätzlichen Beispielen angereichert. Einige Gliederungspunkte sind jedoch völlig neu bzw. vollständig überarbeitet worden. Verändert hat sich vor allem mein Verständnis von Beratung. Sah ich sie früher als ein eher spezielles Verfahren zur Auflösung von krisenhaften Situationen, das nur bei Bedarf zum Einsatz kommt, begreife ich sie heute sehr viel stärker als *unverzichtbaren und kontinuierlichen Begleitprozess pädagogischen Handelns,* in welchem durch ein „Sich-Miteinander-Beraten“ die anstehenden Themen in einer lösungsorientierten Weise reflektiert und besprochen werden können (vgl. Palmowski, 2000). Dies schließt den Einbezug von Schülern in einen solchen Prozess nach meinem Verständnis nicht aus.

Ausdifferenziert habe ich im fünften Kapitel die Einteilung möglicher „guter Fragen“. Ich hoffe, auf diese Weise dem Leser zusätzliche Gesichtspunkte anzubieten, die für seine Beratungsgespräche von Bedeutung sein können.

Einleitung

Der **Anstoß des Steines** ist ein Bild, ein Bild, das unmittelbar in Bezug gesetzt wird mit der bekannten Metapher vom **Stein des Anstoßes.**

Im Vergleich dieser beiden Bilder (oder Metaphern) miteinander lässt sich leicht deutlich machen, worum es in diesem Buch gehen soll.

Der **Stein des Anstoßes** steht für eine Sichtweise festsitzender, unverrückbarer Probleme und chronischer Konflikte.

Er ist Ausdruck für Statik in Raum und Zeit.

Im Mittelpunkt steht das Problem.

Der **Anstoß des Steines** vermittelt die Assoziation der Bewegung, der Veränderung, da kommt ein Stein ins Rollen.

Er ist Ausdruck für Fortentwicklung in Raum und Zeit.

Im Mittelpunkt steht die Veränderung.

Ziel und Anliegen dieses Buches ist es, **vom Stein des Anstoßes zum Anstoß des Steines zu kommen und so den Stein wieder ins Rollen zu bringen.**

Nüchtern übersetzt meint das nichts anderes als den Versuch, in anscheinend festsitzende, unverrückbare Probleme und chronische Konfliktkonstellationen wieder Bewegung (und damit Veränderung) zu bringen.

Dazu werde ich in möglichst konkreter und praxisbezogener Form Ideen anbieten, wie Beratungsgespräche im schulischen Raum vielleicht anders und effizienter geplant, durchgeführt und ausgewertet werden können. Ich habe mich dabei bemüht, so vorzugehen, dass ich zu den einzelnen Gesichtspunkten jeweils möglichst viele Beispiele und typische Fragemöglichkeiten formuliert habe.

Eine Auswahl grundsätzlicher systemisch-konstruktivistischer Überlegungen, Erklärungen und Begründungen und theoretischer Vorstellungen findet sich – auf ein Minimum begrenzt – in Kapitel 3. Allerdings halte ich die Lektüre dieses Abschnittes für das Verständnis des übrigen Textes für unabdingbar.

Die im Untertitel angekündigten neuen Beratungstechniken sind so neu nicht, jedenfalls nicht für viele Arbeitsfelder außerhalb von Schule. Im wesentlichen handelt es sich um Haltungen, Überlegungen und Fragetechniken, die aus kommunikationstheoretisch und systemisch begründeten Konzepten stammen und die sich in der (familien-)therapeutischen Arbeit in vielen Einsatzfeldern als nützlich und effektiv erwiesen haben.

Einige der Überlegungen und vorgestellten Vorgehensweisen werden manchen Lesern zunächst ungewöhnlich und fremd erscheinen, wie vielleicht auch das Bild vom Anstoß des Steines.

Ungewohnt wird es ebenfalls sein, die Verknüpfung und Übertragung einzelner Gesichtspunkte auf die Arbeit in der Institution Schule – so wie sie sich heute darstellt – zu leisten.

Ich werde deshalb im **Teil I** zunächst (in möglichst knapper Form) auf **zwei Entwicklungen** eingehen:

- Die, die sich auf den Stellenwert von **Beratung in einem schulischen Rahmen** bezieht, einem Kontext, in dem zunehmend Beratung stattfindet und stattfinden soll. Es geht um die organisatorischen Vorbedingungen von Schule und die sich verändernde Bedeutung von Beratung in dieser Institution (Punkt 1.1).
- Anschließend werde ich im selben Kapitel **allgemeinere Entwicklungen von Beratungskonzepten** und einige Grundgedanken meiner Vorstellung von Beratung skizzieren (P.1.2).

In Kapitel 2 beschreibe ich die **„Ist-Situation"** eines Beratungsbeginns und des sich daran anschließenden Prozesses aus der Perspektive der jeweils Beteiligten und schlage als Grundlage dieses Verfahrens die Vorstellung von den „drei Experten" vor.

Teil II besteht aus drei Kapiteln, (die ich fortlaufend numeriert habe).

Kapitel 3 enthält eine Zusammenstellung von systemisch-konstruktivistischen Grundannahmen und Sichtweisen, aus denen die in Kapitel 4 und 5 vorgestellten Hinweise, nützlichen Fragen und Strategien für Beratungsgespräche im schulischen Kontext abgeleitet sind. Dabei stehen die einzelnen Aspekte durchaus nicht für ein geschlossenes oder in sich widerspruchsfreies Theoriegebäude „der Systemik". Ganz im Gegenteil erlebe ich die Bandbreite systemisch-konstruktivistischer Ideen und Beratungsmuster als so vielfältig in ihrer Praxis wie in ihren Begründungen, dass sich kaum eine als „allgemein gesichert“ akzeptierte Aussage machen lassen dürfte. Man mag dies beklagen, ich sehe es eher als Zeichen für Veränderung, Offenheit und das Unfertige. „Die Postmoderne beginnt dort, wo das Ganze aufhört“ schrieb Welsch (1988, 29). Er hätte auch schreiben können: In der Postmoderne gibt es nichts Fertiges oder endgültig Abgeschlossenes.

In Kapitel 4 stelle ich aus einer pragmatischen Perspektive heraus konkrete Hinweise für die Planung und Durchführung von Beratungsgesprächen zusammen, wobei ich gelegentlich den systemischen Rahmen verlasse, etwa in P.4.2.1 (Manipulationstechniken und Killerphrasen).

Kapitel 5 bietet eine Zusammenstellung vieler typischer systemischer Fragen und Überlegungen zu dem Kontext, in dem sie jeweils eingesetzt werden können. Auch hier ist die Zuordnung zu den einzelnen Fragetypen nicht definitiv, sondern eher von der Tendenz her zu sehen. Mir war wichtiger, dem Leser Fragen anzubieten, die ihm helfen können, seine Beratungsgespräche anders und vielleicht kooperativer zu gestalten.

Insofern bauen die einzelnen Kapitel des Buches aufeinander auf und setzen das jeweils Vorangegangene voraus. Ich schlage deshalb vor – zumindest beim ersten Lesen – dem Buchaufbau zu folgen.

Vor allem die in Kapitel 4 und 5 enthaltenen Ideen und Fragebeispiele können auch hilfreich sein für das Üben in Rollenspielen oder die Vorbereitung von Beratungssituationen. Insofern kann dieses Buch auch die Funktion eines Übungsbuches oder Beratungsmanuals übernehmen.

Die Ideen zu diesem Buch erwuchsen aus verschiedenen Wurzeln. Die wichtigsten unter ihnen waren

- Beratungs- und Therapieerfahrung in meiner Arbeit in der „Beratungsstelle für Kinderschutz“ des Deutschen Kinderschutzbundes in Unna, die ein spezielles Angebot bereithält für gewaltbelastete Familien und Personen, die sexuelle Ausbeutung erfahren haben;
- Seminare zum Thema Beratung in der Ausbildung von Sonderschullehrern und Diplompädagogen mit dem Schwerpunkt Verhaltensgestörtenpädagogik zunächst an der Universität Dortmund, seit Herbst 1999 an der Universität Erfurt.

- Fortbildungen mit Kollegien aus dem Förderschulbereich, insbesondere denen, die ihre Arbeit stark integrativ ausgerichtet haben und deren Arbeit zu wesentlichen Teilen aus der Kooperation mit Regelschulen besteht. Eine der Hauptaufgaben der in diesem Sektor arbeitenden Lehrer ist Beratung.

Deshalb wird in diesem Buch auch häufig von Sonderpädagogen bzw. der Kooperation von Regelschule und Sonderschule gesprochen. Bei letztgenannter ist in der Regel die Sonderschule für Erziehungshilfe gemeint, die Schulform, die besondere Hilfen bereitstellt für Kinder, die Probleme machen, weil sie Probleme haben. Da es sich inhaltlich aber in jedem Falle um das Lösen von Lehrer- und Schülerproblemen handelt, ist dieser Kontext nur von sekundärer Bedeutung.

Stellvertretend für die vielen, die an der Entstehung dieses Buches mitgewirkt haben, möchte ich gern folgenden Personen danken:

- Frank Zimmer und Edwin Thöne, meinen Freunden aus der Beratungsstelle für Kinderschutz in Unna;
- vielen Kollegien und Kollegen, die namentlich zu nennen den Rahmen dieses Buches sprengen würde. Aus ihrer Kooperationsbereitschaft, ihrem Engagement ihrer Neugier und dem Mut zu Neuem erhielt ich viele wertvolle Anregungen;
- Susanne Eßer, Marion Freyberg und Maria Pelzer-Georg, drei Sonderpädagoginnen, von denen ich wertvolle Hinweise aus ihrer Arbeit erhielt;
- Klaus Deissler, Thomas Keller und Roswitha Schug, meinen Lehrern in „reflexiv systemischer Therapie“;
- Marita Bergsson, Jürgen Hargens, Andrea Schumann und Sabine Weinholz, die das Manuskript kritisch durchgesehen und mir Rückmeldung und wichtige Hinweise gegeben haben;
- last but not least meiner Frau für ihre beharrlichen Fragen, ihr Wissen um systemische Beratung *und* Schulalltag und ihre Bereitschaft, den Text immer wieder zu lesen und zu korrigieren

Über kritische und nützliche Anmerkungen, Hinweise und Stellungnahmen würde ich mich sehr freuen. Für Rück-, An- oder sonstige Fragen stehe ich gern zu Verfügung.

Teil I

Teil I

1. Entwicklungen

Der Stellenwert von Beratung in der Schule entwickelt sich in dem Maße, in dem diese sich öffnet für Zusammenarbeit mit anderen Institutionen, kooperiert mit anderen Schultypen, und die Lehrerrolle sich verändert zu einem immer häufiger stattfindenden Arbeiten im Team.

Deshalb sollen in diesem Kapitel die wesentlichen Aspekte und Bausteine dieses Entwicklungsprozesses, wie ich sie zur Zeit als Beeinflussungsfaktoren von Beratung in der Schule wahrnehme, benannt und beschrieben werden. Besonderes Augenmerk werde ich dabei auf die schulspezifischen Faktoren legen, die häufig als Erschwernis von Beratung erlebt werden.

1.1 Veränderte Beratungsbedingungen in der Schule

Schule befindet sich in ständiger Veränderung, auch wenn es manchmal nicht so scheinen mag. Es wird Einfluss auf sie genommen, sowohl von außen durch gesellschaftliche Entwicklungen als auch von innen durch neue Konzepte, Modelle und Ideen. Die Bedeutung der Beratung – ich denke hierbei weniger an Schullaufbahn- oder ähnliche Beratungsthemen, sondern mehr an Hilfe bei chronischen Problemen und Konfliktsituationen – im System Schule hat dabei in den letzten Jahren ständig zugenommen. Dies soll im Folgenden an einigen prägnanten Beispielen aufgezeigt werden.

1.1.1 Zum Stellenwert von Beratung

- *Beratungsbedarf*

„Der Beratungsbedarf ist im Besonderen angewachsen im Bereich der Erziehung, speziell der Schule. Es gibt offensichtlich kein Verständnis von Erziehung und Schule mehr. Die normativen Orientierungen sind ebenso plural geworden wie die Erziehungs- und Lernziele und die pädagogischen Methoden und Institutionen“ (Speck, 1989, 361). Neben die Verunsicherung darüber, welche Normen und Werte denn nun (für wen) Gültigkeit haben, treten Veränderungen im Bereich von Zuständigkeit, Aufgabenverteilung, Entscheidungsbefugnisse, Autonomieverständnis und Rollen- und Selbstdefinition des Lehrers.

- *Regelschule*

Auch im Regelschulbereich erscheinen immer mehr Kinder als schwierig im sozialen oder affektiven Verhalten und/oder im Bereich von Lernen und Leistung. Sie haben Probleme und sie machen Probleme. Dementsprechend zeigt eine repräsentative Befragung von Beratungslehrern, dass diese anstelle der für sie schwerpunktmäßig vorgesehenen Aufgabe der Schullaufbahnberatung „in zunehmendem Ausmaß sich auch der schulpsychologischen Einzelfallhilfe zuwenden und in der Einzelfallhilfe auch den Hauptsinn ihrer Beratungslehrertätigkeit und die Individualhilfe als Arbeitsschwerpunkt sehen“ (Barres, 1990, 104).

- *Integrative Beschulung*

Durch die integrative Beschulung von Kindern mit Behinderungen und/oder problematischen Verhaltensweisen verzahnen sich Regelschul- und Sonderpädagogik und verstärkt sich die Kooperation zwischen beiden Bereichen. Für die Sonderpädagogen, die in diesem Sektor arbeiten, ist „Beratung“ ein zentrales Segment ihrer beruflichen Tätigkeit: „Gerade in der Erziehung bei Verhaltensstörungen jedoch muss die Beratung zum Kern des professionellen Handelns gerechnet werden“ (Hillenbrand, 1999, 143f), wobei sie für die Probleme, die sich oft genug aus ihrer Doppelrolle ergeben, selbst Lösungen entwickeln müssen: „Die erworbene Berufsrolle des Lehrers und sein Selbstverständnis als professioneller „Belehrer“ hindern ihn geradezu ein guter Berater zu sein“ (Bachmair, 1989, 11).

- *Arbeiten im Team*

Der Beruf des Lehrers entwickelt sich von dem des „Einzelkämpfers“, der morgens in seinem Klassenzimmer verschwindet und mittags wieder auftaucht, immer stärker zu dem eines Teammitglieds. In vielen Schulen und Schulformen werden Klassen (besonders die schwierigen) doppelt besetzt oder andere Formen der Zusammenarbeit entwickelt. Auch hier nehmen die Notwendigkeit und das Bedürfnis nach Informationsaustausch und Beratung zu.

- *Schule als „Doppelbindungsinstitution“*

Last not least wird aus systemischer Sicht die Schule selbst als eine Doppelbindungsinstitution beschrieben (vgl. Cecchin, 1993, 51ff), die an Lehrer Anforderungen formuliert, die in sich widersprüchlich und damit im Gesamt unerfüllbar sind. Sowohl diese Gegebenheit als auch die Erkenntnis dieser Gegebenheit als solcher verweisen auf die Notwendigkeit von Beratung und Supervision im schulischen Raum. (Mehr über Doppelbindung oder Double Bind finden Sie unter P. 4.2.2)

So scheint zum einen Beratung im schulischen Kontext zunehmend sinnvoll, notwendig und fest verankert. Zumindest für NRW entspricht dies auch den Vorstellungen des Kultusministers, der Beratung durch Lehrer vorsieht unter anderem „bei besonderen Lernschwierigkeiten und Verhaltensauffälligkeiten, bei präventiven und fördernden Maßnahmen sowie der Vermittlung diagnostischer und therapeutischer Hilfe“ (KM, 1985, 612).

Andererseits stößt der Versuch, Beratung im schulischen Kontext zu realisieren, auf nicht zu übersehende Probleme. Diese liegen zum einen in den institutionellen Vorgaben, die sich aus dem Rahmen Schule ableiten, zum andern in den noch weitgehend unklaren Vorstellungen von dem, was Beratung und Beratungslehrer leisten sollen und können (und was nicht).

1.1.2 Zur Zunahme von Beratungsbedarf

Zunächst soll festgehalten werden, dass das Thema Beratung im Kontext von Schule in den letzten Jahren kontinuierlich an Bedeutung gewonnen hat. Es lässt sich darüber hinaus prognostizieren, dass ihr Stellenwert auch weiterhin noch steigen wird. Wie lässt sich diese Entwicklung erklären?

Der zentrale Grund für das Anwachsen von Beratung und Beratungsbedarf liegt in der stetig wachsenden Delegation von Verantwortung und Entscheidungskompetenzen aus den übergeordneten Instanzen an die sogenannte Basis sowie aus dem sich daraus ergebenden Arbeiten an „Lösungen vor Ort“. Dabei gilt dieser Gedanke sowohl für die Schule als Institution und als (lernende) Organisation, als auch für die in ihr stattfindenden Inhalte, sprich pädagogisches und unterrichtliches Handeln. Postmoderne Pluralität zwingt auch hier zunehmend zur Aushandlung eigener und gemeinsamer Positionen und Plattformen.

Für Schule als Organisation und Institution wird die Bedeutung von Beratung unter anderem in folgendem Veränderungsstrang deutlich. Im Kontext von Schulentwicklung (bzw. Schulentwicklungsprogrammen, -prozessen, Profilbildung etc.) wird die einzelne Schule als das System angesehen, das als eigenständige Größe den eigenen

Veränderungsprozess betreibt und das als „lernende Organisation" sowohl in den Bereichen der administrativen Selbstverwaltung als auch der pädagogischen Programmatik zunehmende Autonomie beanspruchen kann und diese auch erhält. „Zum gemeinsamen Erfahrungshintergrund bisheriger Reformbemühungen gehört die Einsicht, dass Umstellungen als beabsichtigtes Ergebnis einer Durchsteuerung von oben nach unten ineffektiv sind oder ganz erfolglos bleiben", schreibt die Bildungskommission NRW (1995, 146).

Diese Entwicklung ist in Zusammenhang zu sehen mit gesamtgesellschaftlichen Veränderungsprozessen, die sich zusammenfassen lassen unter dem Stichwort „Postmoderne" (Welsch, 1988) und den darin enthaltenen Tendenzen zu Pluralität und Individualisierung. Der begrüßenswerten Möglichkeit zu mehr Individualität und Eigenständigkeit, der Formulierung unverwechselbarer Profile und inhaltlicher Schwerpunktsetzungen steht die Notwendigkeit gegenüber, diesen Prozess nach außen hin transparent zu gestalten und durch kontinuierliche Evaluation vor sich selber und vor den relevanten Bezugssystemen zu verantworten.

Somit ergeben sich zumindest drei Aspekte,

- die individuelle Profilbildung,
- das Arbeiten in Teams und
- die Vertretung schulspezifischer Komponenten nach außen,

die eine intensive Inanspruchnahme interner und externer Beratung nahelegen, da nur so eine kontinuierliche Reflektion des eigenen Tuns gewährleistet ist und eine theoriegeleitete Praxis entwikkelt und begründet werden kann (vgl. Palmowski, 2000).

1.1.3 Ein neues Verständnis von Beratung

Beim gegenwärtigen Stand der Entwicklung tritt Beratung noch häufig nur als begrenzte Arbeitsform in Erscheinung, die sich konzentriert auf gelegentliche, punktuelle Aspekte oder auf einen bestimmten thematischen Ausschnitt – der in der Regel als Problem bewertet wird. Die kürzeste denkbare Formel lautet demnach:

Wenn Problem – dann Beratung

Beratung kann aber auch verstanden werden als ein kontinuierlicher Prozess, in welchem Lehrer allein, im Team, im Kollegium, mit einem internen oder externen Berater ihre Arbeit, ihre Ziele, ihre nächsten Schritte reflektieren und in den Dialog und den „Gedankenaustausch“ (gemeint im ganz engen Wortsinn) einbringen. Diese Art der Beratung wird umso notwendiger und selbstverständlicher werden (müssen), je autonomer die einzelne Schule als System agieren kann. Mehr Autonomie für die Schule lässt sich letztendlich aber nur denken, wenn dies auch mehr Autonomie für die in ihr arbeitenden Leiter, Lehrer und auch Schüler bedeutet (vgl. Palmowski, 1998).

- Ein Mehr an Entscheidungskompetenz in den Händen der Schulleitung verlangt auch mehr Raum und Zeit für Prozesse des Sich-Beratens (wiederum intern und extern).
- Wachsende Spielräume für pädagogisches Handeln, Auswahl von Unterrichtsinhalten oder gar Risikokalkulation in einer „fehlerfreundlichen Schule“ brauchen den Lehrer, der im und durch den Beratungsprozess seine Handlungsoptionen finden und begründen kann.
- Der Schüler, der – gedacht als mögliche Vision – seine Lernprozesse zunehmend selbst organisiert, wird ebenso zunehmend auf flankierende Hilfen durch Beratung angewiesen sein.

Nicht mehr allen das Gleiche, sondern jedem das Seine!

Je weiter man voranschreitet auf dem Weg von der einen Vorschrift für alle (Schulen oder Schulleiter oder Lehrer oder Schüler) zur systembezogenen oder individuellen Lösung vor Ort, desto umfangreicher und umfassender wird der Anteil und die Bedeutung von Beratung im schulischen Kontext werden (müssen).

1.1.4 Probleme institutionalisierter und vorgegebener Art, die der Vorabklärung bedürfen

Beratungsgespräche erfordern, wenn sie nützlich und effektiv sein sollen, ein bestimmtes Setting, in dem eine Reihe von Vorbedingungen möglichst gewährleistet sein sollten. Im Folgenden habe ich **zwei Listen** zusammengestellt. Die erste enthält **grundsätzliche Hinweise**, die bei Beratungsgesprächen von Belang sind. Anschließend – in der zweiten Auflistung – soll auf einige **schulspezifische Komponenten** kurz eingegangen werden.

Die Werkzeugmetapher

In diesem Buch verwende ich des öfteren die „Werkzeugmetapher“: Jeder Berater hat zur Lösung seiner Aufgaben einen Werkzeugkasten dabei, der unterschiedlich viele und die verschiedensten Werkzeuge – alte und neue, brauchbare und weniger brauchbare, spezifische und universell einsetzbare, einfache und komplizierte enthält. Einige sind ihm lieb und vertraut, der Gebrauch anderer fällt ihm schwer.

Anliegen dieses Buches ist es, neuere und – meiner Überzeugung nach – auch nützliche Werkzeuge für die Beratungsarbeit anzubieten. Vielleicht wird der Benutzer das eine oder andere gegen ein älteres austauschen, das Inventar an Möglichkeiten erweitern, Neues ausprobieren usw.

Wobei neue Werkzeuge keine Garantie sind für den Erfolg bei der Erledigung der Arbeit! Andererseits ermöglicht ein bestimmtes Werkzeug auch nur einen bestimmten Arbeitsschritt und eine bestimmte Vorgehensweise. ***Wer nur einen Hammer als Werkzeug hat, für den sieht auch jedes Problem wie ein Nagel aus!***

Bestandteil der Metapher ist auch, dass man den Umgang mit Werkzeugen üben muss (manchmal lange – wie z.B. beim Handhobel des Schreiners), um sie sicher zu beherrschen. Und man muss wissen, in welchem Zusammenhang ihr Einsatz wichtig oder nützlich ist.

Im Bild dieser Metapher enthält die folgende und notwendigerweise unvollständige Liste die Werkzeuge, die – zumindest als Auswahl – die meisten Lehrer und/oder Berater in ihrer Werkzeugkiste haben werden und mit deren Umgang sie vertraut sind.

Liste 1: Grundsätzliche Hinweise

Situative Bedingungen

- klare Zeitabsprachen
  - für die Dauer des jeweiligen Gesprächs
  - Pünktlichkeit bei Beginn und Ende
  - Häufigkeit und Dauer der Kontakte klären
  - keine Termine während der Freizeit

  - Zusammenarbeit, die zeitlich begrenzt und absehbar ist, fördert die Bereitschaft, Veränderungen in Angriff zu nehmen
- störungsfreier Raum
  - keine Telefonate, keine Anwesenheit unbeteiligter Schüler und Kollegen
  - keine störenden visuellen oder akustischen Reize
  - angenehme *Arbeits*atmosphäre (z.B. kein Kaffee *während* der Arbeit!)
  - für alle Beteiligten leicht zu erreichen

Stressfaktoren und Hierarchien ausschalten oder zumindest klären
- Unfreiwilligkeit eines Teilnehmers (z.B. des Schülers)
- mangelhafte Offenheit eines Teilnehmers durch verdeckte Ängste
- Stressoren durch z.B. zu starke berufliche Belastung
- keine Sitzprivilegien, schützenden Schreibtische, Bücherstapel, Akten etc.
- keine verklausulierenden Termini, sondern Sprache angleichen an die der anderen Teilnehmer (Sprachstil, Beispiele, Vergleiche, Begriffe, Metaphern, Bilder)

Nützliches Beraterverhalten
- Schweigen und Zuhören – „Sprechen Sie erstens nie für Ihre Klienten, wenn diese das auch selbst könnten; und entscheiden Sie sich zweitens in Zweifelsfällen stets für Zurückhaltung und Schweigen." (Weakland, 1988, 2. Aufl., 39)
- Aktives Zuhören
- Auf die Beziehungsaspekte – Selbstoffenbarung, Beziehungsaussage, Appell – einer Botschaft achten
- Ich-Botschaften senden
- Metakommunikation betreiben
- Emotional beteiligt sein, ohne seine Handlungskompetenz zu verlieren
- Vorbereitet sein: Wissen um die wesentlichen Daten aus früheren Gesprächen

- Ruhe ausstrahlen in Gestik, Mimik, Sprache
- „Zeit haben, interessiert sein“
- Echtheit, Wärme, Akzeptanz
- moderieren, strukturieren, klären – den Inhalt bestimmen die Klienten
- verschwommene Aussagen , Andeutungen etc. in eine klare Sprache übersetzen oder konkretisierend nachfragen.
- Metaphern, Gleichnisse, bildhafte Sprache verwenden
- realistische Ziele: die Situation und nicht den Menschen ändern
- Beratung leistet: 1. Emotionale Entlastung und 2. Erarbeitung effektiverer Problemlösestrategien

Was der Berater vermeiden sollte:

- keine festen Koalitionen, keine Parteinahme, strikte Neutralität wahren
- keine Wertungen (erst recht keine negativen), nicht bagatellisieren oder katastrophisieren, jedes Problem als solches akzeptieren
- keine direkten Ratschläge oder Lösungsvorgaben – „Ratschläge (werden) von Klienten erst einmal entwertet, interessanterweise auch von denen, die explizit einen Rat verlangen“ (Dorrmann, 1991, 112)
- Überengagement schadet allen Beteiligten und behindert den Lösungsprozess (vgl. Weakland, 1988, 34ff)
- Auseinandersetzungen nach dem **Ja-Aber-Prinzip vermeiden**
- nicht dauernd auf die Uhr sehen, in Unterlagen blättern etc.,
- keine Ursachen-Exploration betreiben – wichtiger als die Ursachen der Vergangenheit sind die Wirkungen der Gegenwart.

Der formale Ablauf von Gesprächen kann folgendermaßen aussehen (Dauer: 30 Min. – bis hin zu etlichen Terminen):

1. Schritt: Offenlegen von Vorabkontakten (z. B. Erstinformationen durch Telefonate) für alle Gesprächsteilnehmer

2. Schritt: Problembestimmung, Festlegung auf ein Problem

3. Schritt: Welche Lösungen sind schon versucht worden?

4. Schritt: Präzise Zieldefinition, eventuell unterschiedliche Teilnehmerziele

5. Schritt: Verständigung auf kleinste denkbare, erreichbare positive Veränderungen

6. Schritt: Verständigung auf dazu nötige hilfreiche Änderungen (didaktische Hilfen) und konkrete „Erkennungsmerkmale"

7. Schritt: Umsetzung

8. Schritt: Evaluation

Diese Schrittfolge stellt nach meiner Meinung einen brauchbaren „roten Faden" für die Strukturierung von Gesprächen dar. Sie bietet auch weniger geübten Beratern eine pragmatische Orientierungshilfe während des Gespräches.

Viele der genannten Gesichtspunkte sind – in wechselnden Zusammenhängen – Teil der Lehreraus- und -fortbildung und dürften den Lesern zumindest in Ausschnitten vertraut sein. In der Literatur, der sie entnommen sind (Bachmair, 1989; Dorrmann, 1991; Gordon, 1980; Rogers, 1972; Schulz von Thun, 1981; Thomann, 1988; Watzlawick, 1983; Weakland, 1988), werden – auf anderen theoretischen Grundlagen – auch teilweise widersprüchliche Aussagen zum systemischen Ansatz formuliert. Der in der Liste enthaltene Vorschlag, sich mit schon bekannten Informationen vertraut zu machen, wird zum Beispiel aus systemischer Sicht eher skeptisch gesehen, weil so eine Voreingenommenheit entstehen kann, die möglicherweise den Blick für neue oder ungewöhnliche Lösungen verstellt.

Einen Vorteil solcher nicht miteinander zu vereinbarenden Ideen sehe ich darin, dass der Berater bewusster das tun wird, was er ohnehin tun muss, nämlich sich für eine der vielen Möglichkeiten des Vorgehens (eine Auswahl in seinem Werkzeugsortiment) zu entscheiden.

Liste 2: Schulspezifische Komponenten

- **Problem:** Eine partnerschaftliche Beratung wird umso weniger möglich, je mehr einer der Beteiligten einen anderen als Kontrolleur, Gutachtenschreiber, Besserwisser und damit als Bedrohung erlebt. Dabei ist es relativ unerheblich, ob diese „Gefahr" bereits faktisch besteht, oder ob sie jederzeit entstehen kann, oder ob sie nur als (möglicherweise gar irrationale) Befürchtung eine Rolle spielt. Die Problematik einer Instanz, die Hilfsangebote macht und gleichzeitig sanktionsfähig – und das heißt auch machtvoll – ist, wird immer darin bestehen, dass ihre Hilfsangebote nicht ernsthaft und vertrauensvoll in Anspruch genommen werden können.

Systemischer formuliert könnte man auch sagen:

Eine Person wird umso weniger ein Beratungsgespräch moderieren können, je mehr sie Mitglied des Problemsystems oder gar Konfliktbeteiligte ist.

Diese Sichtweise spricht deutlich für die Notwendigkeit eines Angebotes an externer Beratung im schulischen Feld.

Kommentar: Bei einer Zusammenarbeit von Beratungslehrer, Regelschullehrer und Schüler erscheint es dringend geboten, diesen Aspekt als Teil des „Rahmenabsteckens“ vorab zu klären und mögliche Befürchtungen dieser Art durch Absprachen aus dem Weg zu räumen. Faktisch könnte das z.B. heißen, dass alle Gutachten, Protokolle etc., die an Schulaufsicht, schulpsychologische Beratungsstelle oder wohin auch immer geschickt werden, für alle Beteiligten einsehbar sind. Dieser Vorschlag mag manchen utopisch oder nicht umsetzbar erscheinen, es erscheint mir andererseits unwahrscheinlich, dass jemand zu einer offenen Zusammenarbeit mit den Personen bereit sein kann, die die Informationen, die sie erhalten, zum Schaden des Betreffenden (aus seiner Sicht) weiterverwenden können. Vielleicht spielt diese Befürchtung eine Rolle, wenn der Kollege oder der Schüler lieber „mauert“, als zuviel zu „riskieren“.

✦

- **Problem:** Sonderpädagogen und Regelschullehrer haben aufgrund unterschiedlicher Schwerpunkte in ihrer Ausbildung und dementsprechend in ihrem Selbstverständnis als Lehrer häufig auch unterschiedliche Vorstellungen über die „Förderung“ von Schülern. Als tendenzielle und sicher auch pauschalisierende Aussage ließe sich etwa folgendes sagen: Während den meisten Sonderpädagogen die Entwicklung der Persönlichkeit des Schülers als wichtigste Aufgabe erscheint, sie also pädagogische und erzieherische Ziele verfolgen, steht für viele Grundschul- und Sekundarstufenlehrer die Vermittlung von Fachwissen, Lehrplaninhalten, Fertigkeiten und Kompetenzen im Vordergrund. Während Unterricht hier Selbstzweck ist, kann er im sonderpädagogischen Verständnis eher als Mittel zum Zweck (Stichwort: Unterricht als Erziehung und/oder Therapie) begriffen werden. Der sich hieraus ergebende Konfliktstoff für den Fall der Zusammenarbeit liegt auf der Hand: Während der Sonderpädagoge als Beratungslehrer etwa Zielvorstellungen formuliert, wie – wieder Vertrauen in die eigene Leistungsfähigkeit gewinnen oder Aufbau sozialer Kompetenzen, befürchtet der Klassenlehrer, dass der Schüler den Anschluss in Mathematik, Englisch oder Deutsch ganz verlieren könnte bzw. dass wichtige Unterrichtsfächer zu kurz kommen (Reiser, 1987, 138f).

Kommentar: Es kann in einer Vorabklärung nicht darum gehen, „wer recht hat“, sondern nur darum, dieses Konfliktfeld zu thematisieren und gemeinsam (also auch mit dem Schüler) nach einer für alle akzeptablen Lösung Ausschau zu halten. Ich vermute, dass schon allein die Thematisierung dieses Aspektes ihm viel von seinem Konfliktpotential nehmen wird.

✦

- **Problem:** Viele Beratungsgespräche werden stattfinden in Situationen, in denen ihnen eher die Funktion einer Krisenintervention zugeschoben wird. Die Frage nach Hilfe durch Beratung wird häufig erst dann gestellt, wenn ein Problem eskaliert ist oder eine bedrohliche Intensität erreicht hat, oder wenn der Klassenlehrer nicht mehr bereit ist, weitere Energien in diesen Fall zu investieren. Eine Krise kann ein Ausgangspunkt für sehr weitreichende Veränderungen (u.a. durch Beratung) sein, groß ist allerdings auch die Gefahr, dass der Beratungslehrer in eine Situation eintritt, in der Erwartungen an ihn herangetragen werden, denen er nicht entsprechen kann und denen er auch nicht zu entsprechen versuchen sollte (vgl. P. 2.5).

Kommentar: Sinnvoll und nötig erschient es hier als Vorabklärung, die Schulen, mit denen eine Zusammenarbeit geplant ist oder denkbar ist, über das konzeptionelle Selbstverständnis und den Aufgabenbereich von Beratungslehrern im Vorfeld so zu informieren, dass Regelschullehrer sich frühzeitig Unterstützung und Hilfe holen können, und dass durch Offenlegung der Formen von Zusammenarbeit keine unerfüllbaren Erwartungen an den Beratungslehrer formuliert werden. Konkret könnte das z.B. bedeuten, dass alle im Einzugsbereich einer integrativ arbeitenden Sonderschule liegenden Regelschulen (bzw. alle dort arbeitenden Kollegen) über das konkrete Angebot (und die Grenzen) von Zusammenarbeit mit dieser Schule informiert sind. Eine zweite Möglichkeit könnte die sein, dass der zuständige Beratungslehrer an allen pädagogischen Konferenzen „seiner" Schule(n) teilnimmt, um so für „präventiven Informationsfluss" zu sorgen (vgl. hierzu auch P.4.1.1).

✦

- **Problem:** Viele Kollegen fühlen sich durch zu große Klassen, hohen administrativen Verwaltungsaufwand, viele schwierige Schüler und begrenzte pädagogische Möglichkeiten einer als Dauerüberforderung erlebten Situation ausgesetzt, für die sie nach Entlastung, aber nicht nach „Kooperation" suchen. Viele Erschwernisse lassen sich hier nennen: Beratungs- und Kooperationsstunden werden nicht anerkannt (Reiser, 1984, 9); ein Problem des Sonderschullehrers in der integrativen Arbeit ist seine „Pendelexistenz" (Wocken, 1988, 189f); bei Meinungsverschiedenheiten werden Sonderschullehrer zu bestimmten Entscheidungen nicht mehr hinzugezogen (Reiser, 1987, 135f); Probleme in der Kooperation können auch von der Schulleitung und von den Eltern ausgehen (Reiser, 1984, 237).

  Kommentar: Viele dieser Faktoren entziehen sich dem unmittelbaren Einflussbereich von Beratung, dennoch scheint es mir sinnvoll und nötig, auch diese Aspekte und die konkreten Wünsche des Regelschullehrers und des Schülers an den Beratungslehrer (und umgekehrt) zu klären. Nur wenn alle Beteiligten ihre Erwartungen offenlegen, kann auch ein Kooperationsvertrag und ein „gemeinsam verabschiedetes" inhaltliches Programm erarbeitet werden. Aus systemischer Sicht ist dann die Beratung „ein Prozess des gemeinsamen sich Beratens. Nicht die Beratung oder gar Anleitung des Pädagogen, sondern die gemeinsame Analyse einer problematischen Situation steht im Mittelpunkt" (Werning, 1990, 23).

✦

- **Problem:** Ko-Unterricht, Team-Teaching und gegenseitige Hospitationen können als sehr hilfreich und entlastend für die Arbeit erlebt werden (Reiser, 1987, 143f). In der Zusammenarbeit zweier Lehrer muss allerdings oft ein neues berufliches Selbstverständnis erworben werden , etwa „eingeschränkte Kompetenz zeigen zu lernen“ (Kreie, 1990, 236). Probleme ergeben sich, wenn der eine Lehrer die Interessen der Schüler gegen die Interessen des anderen Lehrers vertritt (Reiser, 1987, 140f), oder wenn einer der Lehrer nur die Rolle eines Assistenten, der nur zur Beobachtung und Hilfestellung da ist, zugeschoben bekommt (Reiser, 1984, 9). „Das Scheitern eines Teams ist sicher bei einem Grundschullehrer, der schon immer wusste, wie es in der Grundschule zuzugehen hat, nämlich frontal und ordentlich, und bei einem Sonderschullehrer, der eben weiß, was behinderte Kinder brauchen“ (Hinz, 1990, 395).

Kommentar: Es sind technische Lösungen entwickelt worden, wie z.B. Kooperationsmodelle von geringer und von hoher Komplexität (Reiser, 1987, 145f), die behutsame Annäherungsprozesse möglich machen. Wichtiger erscheint mir die Thematisierung genau dieses Aspekts im Rahmen von Metakommunikation und die gemeinsame „Konstruktion“ eines ersten Schrittes, mit dem **alle** Beteiligten sich identifizieren können.

✦

- **Problem:** Kommunikation in der Schule, die zwischen Kollegen, die zwischen Regelschul- und Sonderschullehrern, wie auch die zwischen Lehrer und Schülern befindet sich häufig im Spannungsfeld gegensätzlicher Pole wie z.B.:

– Kooperation gegen Konkurrenz
– Selbstbestimmung und Vertrauen gegen Kontrolle und Macht
– Pädagogik gegen Beamtenrechte
– Ermutigen gegen Bewerten
– Teamarbeit gegen Einzelkämpfertum
– Kollegialität gegen (versteckte) Hierarchie
– Pädagogisches Handeln gegen Zuweisen von Lebenschancen
– Entscheidungen fällen durch Konsensfindung im Team gegen Entscheidungen per Vollmacht oder „Amtsbefugnis“.

Kommentar: Auf zwei Aspekte sei dabei besonders hingewiesen: Zum einen erleben viele (Sonder-)Pädagogen ihre Konflikte mit den Kollegen und/oder der Schulleitung als belastender und zermürbender als ihre „eigentliche“ Arbeit mit den Schülern (vgl. Palmowski, 1994). Dieses Faktum allein weist schon auf den erheblichen Bedarf an Veränderung durch mehr Gespräche und mehr Kooperation hin.

Zum anderen scheinen viele solcher Probleme in der Schule als Institution relativ fest verankert zu sein. Die Vielzahl der unterschiedlichen und inkompatiblen Erwartungshaltungen an Lehrer und Schüler lassen nur die Konsequenz zu, dass alles – was auch immer sie machen und tun – auch immer verkehrt ist (Double Bind). Allen Vorstellungen gleichzeitig zu entsprechen ist eben nicht möglich (vgl. P.4.2.2).

✦

- **Problem:** Die Organisation der Schule, des Schulalltags und des Aufgabenprofils des Lehrers bieten kaum Raum und Zeit für die Reflektion und den Gedankenaustausch (gemeint im ganz engen Wortsinn) in Bezug auf die (gemeinsame) geleistete oder noch zu leistende Arbeit. Gelegentlich kann man auch (noch) Kollegen treffen, die Beratung verstehen als „Seelenstriptease“ (Ich habe es wirklich so gehört!), für den es in der Schule keinen Platz braucht.

  Kommentar: Wer immer so weiterarbeitet, wie er bisher gearbeitet hat, wird schon bald nicht mehr die guten Resultate erzielen, die er vielleicht heute noch vorweisen kann. Und:

  Lehrer sind Führungskräfte!

  Fredmund Malik schreibt: „Nie zuvor in der Geschichte haben in absoluten wie in relativen Zahlen so viele Menschen de facto Führungsaufgaben zu erfüllen gehabt. Das wird sich in Zukunft – in der Dienstleistungs-, Informations- und Wissensgesellschaft – noch drastisch verstärken, und die Anforderungen daran werden sichtbar steigen. Die meisten von uns werden managen müssen, ob wir es anstreben oder nicht“ (2000, 7f). Die wesentlichen Aufgabenbereiche einer Führungskraft bestehen im:

  - ☑ Planen
  - ☑ Entscheiden
  - ☑ Umsetzen
  - ☑ Evaluieren

Sie alle sind angewiesen auf einen kontinuierlichen Begleitprozess der Beratung.

✦

Dieses und die anderen genannten Probleme werden im Kapitel 4. aus systemischer Perspektive neu aufgegriffen und auf mögliche Veränderungen hin befragt.

1.1.5 Problematische Aspekte in der Rolle des Beratungslehrers

Die Aufgabe des Beratungslehrers
besteht nicht darin,
die Probleme
anderer
zu lösen,
sondern
Ihnen dabei behilflich zu sein
Ihre Probleme
selber lösen zu können.

Hettwer (1987) sieht die Probleme vieler Beratungslehrer als Ergebnis ihrer unklaren Rolle im System: „Beratungslehrer und Beratungslehrerinnen befinden sich nun in der Situation, dass ihre Funktion im Schulsystem noch nicht etabliert ist; somit ist das Feld der Erwartungen und Befürchtungen, dem sie sich gegenüber sehen, noch sehr groß. Außerdem ist der vom Beratungsprozess tangierte Personenkreis umfangreich.

Daraus ergeben sich realistische und unrealistische, förderliche und hinderliche, zum Teil gegensätzliche Erwartungen.

Schüler/Schülerinnen: Unterstützung bei Konflikten, Hilfen für erfolgreiches Arbeiten, Verteidigung von Interessen gegenüber Lehrern/Lehrerinnen bzw. Eltern, Abnehmen von Entscheidungen.

Lehrer/Lehrerinnen: Schnelle Lösung von Konflikten, Vermittlung von ‚Rezepten', Nicht-Einmischen in ihren Unterricht und ihren Kompetenzbereich, vollständige Weitergabe von Untersuchungsergebnissen, Solidarität bei Entscheidungen und Maßnahmen.

Eltern: Verantwortung für Entscheidungen abgeben können, wirksame Hilfen bei Problemen, Unterstützung für ihre Position gegenüber anderen, vertrauliches Umgehen mit ihren Informationen.

Schulleitung: Lösung von Konflikten, Vermeidung von aus der Beratung erwachsenden Konflikten, Informationen über Beratungsinhalte und -maßnahmen, Nicht-Einmischen in ihren Zuständigkeitsbereich.“ (Hettwer, 1987, 40)

„Schüler/innen, Lehrer/innen und Eltern nehmen meist dann Beratung in Anspruch, wenn die Möglichkeiten der Schule nicht mehr wirkungsvoll erscheinen. Somit werden Beratungslehrer/innen häufig mit den Grenzen und Schwachstellen des Schulsystems konfrontiert.“ (Hettwer, 1987, 178)

Auf drei mögliche Problemaspekte sei gesondert hingewiesen:

Probleme in der Zusammenarbeit mit dem Klassenlehrer:

- Die Präsenz eines „kompetenten Fachmannes“ erleichtert die Flucht aus der Verantwortung
- Der Klassenlehrer hat Probleme mit einem Schüler und ist erleichtert, Unterstützung von einem Sonderschullehrer zu erhalten (Beziehung), Uneinigkeit besteht allerdings in den Auffassungen über die optimale Förderung des Schülers (Inhalt): Förderort: Regel- oder Sonderschule (integrativ oder separierend) / Förderinhalt: Schulische Förderung/Leistungsvermögen oder Entwicklungsförderung
- Gelegentlich erleben Sonderpädagogen, die im Regelschulsystem integrative Förderung betreiben, den Regelschul- bzw. Klassenlehrer als nicht kooperationsbereit. (vgl. Palmowski, 1994).

Dem Beratungslehrer wird eine bestimmte Funktion im System zugeordnet:

Triangulation: Es herrscht ein offener bzw. verdeckter Konflikt zwischen Klassenlehrer auf der einen Seite und Problemschüler (bzw. seiner Familie) auf der anderen Seite; beide Parteien versuchen, den Berater als Bündnispartner zu gewinnen.

Koalition: Problemschüler/Eltern und Berater bilden eine Koalition gegen den Klassenlehrer, oder die beiden Lehrer bilden eine Koalition gegen den Problemschüler (wobei der jeweils Außenstehende dann zur Kooperation nicht mehr gewonnen werden kann.).

Umwegattacke: Lehrer und Berater haben einen verdeckten Konflikt und leiten ihn dann über den Problemschüler um (in Anlehnung an Bachmair, 1989, 128).

Dem Berater ist eine bestimmte Aufgabe zugedacht:

- Fachmann für Krisenintervention, Verantwortungsübernahme und Problemlösung
- Fachmann für Diagnose, „Pathologisierung“, Selektion und Etikettierung
- Fachmann zum „Wegzaubern“ von Verhaltensstörungen
- Fachmann als Handlanger, der die vorgegebenen Lösungen umsetzt
- Fachmann, der die Richtigkeit der eigenen Position bestätigt und koaliert
- Fachmann als Sprachrohr oder Druckmittel gegenüber unwilligen Eltern
- Fachmann als Vermittler, der „Nachsicht“ erwirken kann, bei Lehrer oder Eltern
    - Fachmann für Rezepte

Lehrer: Jetzt sag Du mir doch mal, was ich machen soll, mir steht das Wasser bis zum Hals!
Berater: Lass den Kopf nicht hängen!

Die Rolle des Beraters ist mit der des Lehrers in wesentlichen Aspekten inkompatibel, z.B. in der unterschiedlichen Haltung beim (Be-)Werten. **Wenn er in Konfliktsituationen als Klärungshelfer fungieren will, dann wird er das umso besser können, je weniger seine Funktion als Lehrer im Beratungskontext eine Rolle spielt.**

Eine Vorüberlegung müsste es demnach sein, wie sich diese beiden Rollen und diese beiden Kontexte weitestgehend voneinander trennen lassen. Eine Idee könnte die sein, dass zur Etablierung eines Angebotes an externer Beratung zwei oder mehr Schulen dergestalt miteinander kooperieren, dass jeweils ein Kollege der einen Schule für das andere bzw. ein anderes Kollegium die Rolle des Beraters übernimmt. Ein derartiges Tauschsystem hätte unübersehbare Vorteile, da die Verstrickung des beratenden Kollegen in bestehende

Probleme und in Beziehungsstrukturen in dem Kollegium, das er berät, so auf ein Minimum reduziert werden könnte.

1.2 Veränderte Beratungsgrundlagen und Beratungskonzepte

„Was die kleine Momo konnte wie kein anderer, das war: Zuhören. Das ist doch nichts Besonderes, wird nun vielleicht mancher Leser sagen, zuhören kann doch jeder.

Aber das ist ein Irrtum. Wirklich zuhören können nur ganz wenige Menschen. Und so wie Momo sich aufs Zuhören verstand, war es ganz und gar einmalig.

Momo konnte so zuhören, dass dummen Leuten plötzlich sehr gescheite Gedanken kamen. Nicht etwa, weil sie etwas sagte oder fragte, was den anderen auf solche Gedanken brachte, nein, sie saß nur da und hörte einfach zu, mit aller Aufmerksamkeit und aller Anteilnahme. Dabei schaute sie den anderen mit ihren großen, dunklen Augen an, und der Betreffende fühlte, wie in ihm auf einmal Gedanken auftauchten, von denen er nie geahnt hatte, dass sie in ihm steckten.

Sie konnte so zuhören, dass ratlose oder unentschlossene Leute auf einmal ganz genau wussten, was sie wollten. Oder dass Schüchterne sich plötzlich frei und mutig fühlten. Oder dass Unglückliche und Bedrückte zuversichtlich und froh wurden. Und wenn jemand meinte, sein Leben sei ganz verfehlt und bedeutungslos und er selbst nur irgendeiner unter Millionen, einer, auf den es überhaupt nicht ankommt und der ebenso schnell ersetzt werden kann wie ein kaputter Topf – und er ging hin und erzählte das alles der kleinen Momo, dann wurde ihm, noch während er redete, auf geheimnisvolle Weise klar, dass er sich gründlich irrte, dass es ihn, genauso wie er war, unter allen Menschen nur ein einziges Mal gab und dass er deshalb auf seine besondere Weise für die Welt wichtig war.

So konnte Momo zuhören!“

(Michael Ende, Momo, 1973, 17 f)

Die Aufgabe des Beraters besteht im Zuhören – vielleicht so wie Momo – und im Formulieren von Fragen, die den Klienten helfen, Lösungen für ihre Probleme zu entwickeln.

Die Zugrundelegung einer systemischen Perspektive hat dabei in Beratung und Therapie diese Idee – der Berater arbeitet mit dem

Klienten an der Umsetzung von dessen Zielen in seine Wirklichkeit – am radikalsten umgesetzt und so zu weitreichenden Veränderungen in Beratungskonzepten geführt. Diese darzustellen und auf ihre Einsetzbarkeit im Kontext Schule zu befragen ist das Thema der folgenden Kapitel.

Ein **roter Faden,** der sich durch das ganze Buch zieht und der möglicherweise an Vertrautem rüttelt und für manche Leser einen Stein des Anstoßes darstellt, ist demnach folgende Aussage:

> In einer Beratungssituation sind alle Betroffenen bzw. Beteiligten gleichberechtigt!

Auf den ersten Blick erscheint diese Sichtweise über Beziehungen zwischen Menschen im Feld von Beratung nicht ungewöhnlich, übertragen auf den Bereich von Schule heißt die Konkretisierung dann allerdings:

> In einer Beratungssituation sind Lehrer und Schüler (und Eltern) gleichberechtigte Partner bei der Bearbeitung von Problemen und der Entwicklung von Lösungen und/oder Lösungsmustern!

Diese Sichtweise erscheint nach meiner Erfahrung für viele Situationen und Probleme in der Schule, für Problemschüler und Lehrerselbstverständnisse ungewöhnlich. Selbst in engagierten Beiträgen zur Kooperation von Schulen zur Förderung problematischer Schüler geht es **nicht um Kooperation mit dem Kind, sondern um Kooperation für das Kind** (vgl. z.B. Schraag, 1994). Viele Lehrer neigen dazu, Gleichberechtigung aufzuheben, indem sie sich verantwortlich fühlen für das Verhalten und die Leistungen „ihrer“ Schüler. Dementsprechend entwerfen sie ihnen sinnvoll erscheinende Lösungen für Probleme und erwarten, dass die Schüler ihre Sichtweise übernehmen oder zumindest akzeptieren und so Konflikte beigelegt werden können.

Ich vermute aber, dass viele Versuche, ein Problem auf diese Art zu lösen, deshalb scheiterten und scheitern, weil der oben genannte Aspekt einer gemeinsamen und gleichberechtigten Problembearbeitung nicht genügend berücksichtigt wurde und wird (Berg, 1992, 17ff). Deshalb weise ich gleich zu Beginn der Arbeit auf diesen Grundsatz hin. Er wird im Verlauf des Buches immer deutlicher und präziser werden. Unter Punkt 4.1.3. finden Sie ein Beispiel, auf welche Art man die Gesprächsteilnehmer einladen kann zur Kooperation.

Als vorläufige Begründung für diese Sichtweise versetze man sich nur einmal in die Situation des Schülers.

1. Die Perspektive des Schülers

In der Regel erlebt ein Schüler einen Prozess, in welchem eine Verhaltensänderung an ihm durchgeführt werden soll – die Formulierung bringt es schon zum Ausdruck – als prinzipiell und zumindest partiell fremdbestimmt:

Zwei oder mehr Lehrer beraten sich miteinander darüber, wie sie es schaffen können, dass er – der Schüler – sich angepasster, weniger störend verhält und teilen ihm anschließend das Ergebnis ihrer Überlegungen und ihre Wünsche bzw. Forderungen an ihn mit. Dabei stellen sie in der Regel für den Fall des Nicht-Befolgens **Sanktionen** in Aussicht und formulieren **Appelle an seine Einsicht**. Beides sind Strategien, die sich aus lernpsychologischer Sicht als wenig wirksam erwiesen haben (Adameit, 1978, 11), und die zudem häufig die fatale „Mehr-Desselben-Konsequenz“ (vgl. P. 4.3.2) nach sich ziehen (vgl. Palmowski, 1996).

Die Antwort des Schülers auf einen solchen Vorschlag wird häufig genug in entschiedenem Widerstand gegen ein solches Vorhaben bestehen! Ob dieser Widerstand offen oder verdeckt, bewusst oder unbewusst geleistet wird, ist dabei irrelevant. Wichtiger ist, dass die pädagogischen Bemühungen **um** den Schüler scheitern und anschließend häufig genug dieses Scheitern begründet wird mit der Schwere der Störung des Schülers statt mit der fragwürdigen Beziehungsstruktur. Besser wären eben: Bemühungen **mit** dem Schüler! Prägnant formuliert lässt sich also sagen:

> Vom Operieren zum Kooperieren!
> Vom Behandeln zum Verhandeln!

2. Klinische Erkenntnis und pädagogische Praxis

Ein zweites, mehr formales Argument für die gleichberechtigte Beteiligung aller bei Problembearbeitungen stützt sich auf das Verhältnis von klinischer Erkenntnis und pädagogischer Praxis.

Die wesentlichen Erkenntnisse und Neuerungen der Psychologie wurden **entwickelt und gewonnen in der klinischen Psycholo-**

gie, d.h. bei der Arbeit mit Menschen, die sich in irgendeiner Form als nicht angepasst verhalten oder die zumindest so beschrieben werden. Anschließend, oft mit etlichen Jahren Verzögerung, werden sie **übertragen und für relevant erklärt für das Arbeitsfeld der Pädagogik und Sonderpädagogik.** Dies gilt für alle großen psychologischen Theorien und ihre Umsetzungsformen in klinische und in pädagogische Praxis (man denke etwa an die Psychoanalyse Sigmund Freuds, den personen-zentrierten Ansatz von Carl Rogers oder an Verhaltenstherapie und pädagogische Verhaltensmodifikation).

Vieles von dem, das sich heute im beraterischen oder therapeutischen Kontext ereignet und das sich systemisch oder kommunikationstheoretisch begründet, wird in absehbarer Zeit und zum Teil auch jetzt schon als relevant für das Handeln in pädagogischen Zusammenhängen bezeichnet und Eingang in die pädagogische Arbeit in den verschiedensten Institutionen finden werden (vgl. hierzu etwa: Voß, 1996; Meixner, 1997; Reich, 1998; Spiess, 1998; Siebert, 1999; Palmowski/Heuwinkel, 2000).

Eine zentrale Aussage dieser Konzepte ist die, dass bei Versuchen, Konflikte zu lösen, alle am Prozess Beteiligten gleichberechtigt und prinzipiell selbstbestimmt beteiligt sind.

2. Ist-Situation

Ich möchte in diesem Kapitel die Situation unter die Lupe nehmen, die vorfindbar ist, wenn im schulischen Kontext ein Lehrer einen Kollegen um Beratung bittet, weil er selber „mit seinem Latein am Ende ist“:

Zum einen will ich dabei versuchen, **die Perspektiven** nachzuzeichnen, aus denen sich den Beteiligten, Klassenlehrer, Schüler, Beratungslehrer, die Problemsituation jeweils darstellt.

Zum anderen sollen die **wichtigsten Faktoren** aufgezeigt werden, die auf diesen Kontext Einfluss nehmen.

2.1 Die Perspektive des Klassenlehrers

Um sich in die Situation des Klassenlehrers hineinzuversetzen, sind vielleicht folgende Fragen hilfreich:

- Wie sieht für ihn die Ausgangssituation aus?
- Wie stellt sich für ihn das Problem dar?
- Welche Hoffnungen, Erwartungen, aber auch Ängste und Befürchtungen verbindet er mit der bevorstehenden Beratung?
- Welche Rolle weist er dem Schüler, um den es geht (vielleicht auch mehreren) und dem Beratungslehrer zu? Welche sich selbst?
- Welches Ziel bzw. welche Ziele hat er im Kopf? Hat er überhaupt ein klares Ziel? Wie konkret kann er es formulieren?

Seine Situation lässt sich etwa so beschreiben:

Der Klassenlehrer kämpft in seiner Klasse mit einem chronischen Konflikt, mit dem er alleine nicht fertig wird. Er hat einen schwierigen Schüler oder mehrere oder erlebt die gesamte Lerngruppe als problematisch. Er sieht sich selbst „am Ende seines Lateins“ und ist der Überzeugung, alles ihm Mögliche versucht zu haben.

Dieser Dauerkonflikt erzeugt im Lehrer einen Leidensdruck, den er gerne verringern würde: Deswegen wendet er sich an einen Beratungslehrer oder leitet Verfahren zur Feststellung des sonderpädagogischen Förderbedarfs ein.

In vielen Fällen zumindest wird der Lehrer eigene Verhaltensänderungen zur Problemreduzierung zunächst nicht in Betracht ziehen, da ja das Problempotential – seiner Überzeugung nach – bei den Schülern/ bei dem Schüler (und zum Beispiel in deren familiären Verhältnissen) liegt.

Der Beratungslehrer, der Sonderpädagoge ist der Fachmann, an den man das Problem delegiert, der die Verantwortung zur Lösung des „Falles" übernimmt, der in der Krise als Feuerwehrmann interveniert etc.

Die Erwartungshaltung des Klassenlehrers wird häufig die Hoffnung auf **Beendigung des Problems** durch entsprechende Maßnahmen des Fachmannes sein (z.B. Überweisung auf die Sonderschule) und weniger die Annahme der **Problemlösung** durch Kooperation aller Beteiligten.

Möglicherweise ist seine Ausgangsposition auch mitbestimmt durch mehr oder weniger diffuse Ängste vor etwaiger Kontrolle, Bevormundung oder Abwertung seiner pädagogischen Fähigkeiten.

2.2 Die Perspektive des Schülers

Die eingangs gestellten Fragen zur Situation des Klassenlehrers gelten analog ebenso für den Schüler, und viele seiner Situationsbeschreibungen lassen sich leicht als genaue Entsprechungen zur Lehrersicht erkennen. Etwas verallgemeinernd könnte man sie vielleicht folgendermaßen formulieren:

Der Schüler hat ein Problem, nämlich einen (schwierigen) Lehrer, mit dem er nicht zurechtkommt. Vielleicht sind es auch mehrere, vielleicht erlebt er alles, was mit Schule zu tun hat, als aversiv.

Dieses (chronische) Problem setzt ihn unter Leidensdruck.

Zur Verringerung seines Leidensdruckes hat er schon verschiedene Lösungsmöglichkeiten ausprobiert – z.B. Schwänzen, Leistungsverweigerung, Aufsässigkeit, Verhaltensstörungen im weitesten Sinne – aber letztendlich fühlt er sich der „Gesamtsituation Schule" hilflos ausgesetzt.

Ob er sich Hilfe oder eine positive Veränderung erwartet durch Einschaltung eines anderen Lehrers, darf bezweifelt werden – ebensogut denkbar ist die Befürchtung, „dass sie jetzt zu zweit auf mich losgehen werden!"

2.3 Der Regelkreis: Lehrer-Schüler-Beziehung

Bevor ich auf die Situation des Beratungslehrers eingehe, will ich vorausgreifend schon auf einen zentralen Mechanismus vieler Problementwicklungen und -strukturen aufmerksam machen. Dieser wird sichtbar, wenn man weniger die einzelnen beteiligten Personen, sondern mehr die Beziehung zwischen ihnen ins Auge fasst:

> Eine *Verhaltensstörung* beim Schüler ist nicht denkbar ohne eine gleichzeitige *Erwartungsstörung* beim Lehrer!

Der Schüler leidet unter der verordneten Situation Schule (Schulpflicht!) oder unter Stigmatisierungseffekten wie Förderstunden, Außenseiterrolle, Schulversagen, schlechten Noten etc., so wie er sie erlebt und bewertet, der Lehrer unter der mangelnden Lernbereitschaft oder den Verhaltensstörungen des Schülers, so wie er sie wahrnimmt. Dass beide Probleme und Problemperspektiven miteinander in Zusammenhang stehen, dass das eine das andere bedingt und das andere das eine, kann von den Beteiligten möglicherweise nicht gesehen werden.

Dieses Prinzip der Koppelung beschreibt Hoffman (1987, 80) an einem anschaulichen, einfachen Beispiel: „Ein Baby und seine Mutter formen einander derart, dass die Mutter das Baby eines Tages auf den Topf setzt und das Baby entsprechend funktioniert.(...) Die Mutter sagt: 'Ich habe Sauberkeitserziehung mit meinem Kind gemacht.' Das Baby könnte sagen: ‚Ich habe Sauberkeitserziehung mit meiner Mutter gemacht.' Das Paar ist in diesem Beispiel strukturell gekoppelt."

Diese Koppelung findet sich genauso in negativen Regelkreisen. Das heißt, dass die einzelnen als problematisch bewerteten Verhaltensweisen sich gegenseitig bedingen:

- Der Lehrer hat einen schwierigen Schüler, dessen – etwa widerspenstiges – Verhalten für ihn ein Problem darstellt. Für dieses Problem hat er eine Lösung: z. B. mehr Druck und striktere Kontrolle als bei den anderen Schülern.

- Der Schüler hat einen schwierigen Lehrer, dessen – etwa ungerechtes – Verhalten für ihn ein Problem darstellt. Für dieses Problem hat er eine Lösung: z.B. die, „dass er sich nicht alles gefallen lässt".

Die Konsequenz hieraus lautet demnach:

> Die Lösungsversuche des einen sind das zentrale Problem des anderen und umgekehrt!

oder:

> „Die Probleme ... sind in der Mehrzahl der Fälle solche, deren Entstehung und Aufrechterhaltung ungeeigneten Lösungsansätzen zuzuschreiben sind." (Weakland, 1988, 116)

oder:

> Lösungsversuche, die ein Problem nicht lösen, sind ein konstitutiver Bestandteil des Problems!

Die personenbezogene Sicht:

Der Lehrer:

Problem		Lösung
Schwieriger Schüler	⇨	Druck/strikte Kontrolle

Der Schüler

Problem		Lösung
Druck/strikte Kontrolle	⇨	Widerstand

Die systemische Sicht:

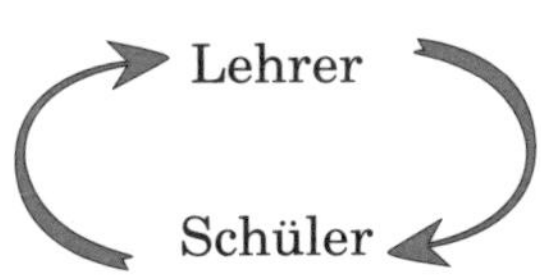

2.4 Die Perspektive des Beratungslehrers

Ich betrachte zunächst einmal einen „ganz normalen" Beginn einer Beratung in einer Beratungsstelle und übertrage diesen dann auf die Ausgangssituation des Lehrers in seiner Rolle als Berater.

Ein Klient kommt in die Beratungsstelle.

Was ist die Sichtweise und die Erwartungshaltung des Klienten?

Für diese Situation sind (vor allem von den Vertretern der lösungsorientierten Kurzzeittherapie, Berg, 1992; Berg, 1993) verschiedene Möglichkeiten beschrieben worden.

Möglichkeit 1

1. Der Klient hat ein Problem!
2. Das Problem setzt ihn unter Leidensdruck.
3. Er will eine Verringerung dieses Leidensdrucks! (Deswegen kommt er in die Beratungsstelle.)
4. Zur Reduzierung des Leidensdruckes muss er sich ändern, und er ist bereit, das dazu erforderliche Quantum an Mitarbeit und an „harter Arbeit“ aufzubringen!
5. Aus Sicht des Klienten ist er Berater der Fachmann, an den das Problem delegiert werden kann. Dieser übernimmt (wiederum in der Erwartungshaltung des Klienten) als Experte die Verantwortung für die Lösung des Problems (etwa so wie der Arzt es tut). Er wird dem Klienten sagen, was er tun soll. Der Berater bietet Lösungen an – die Beziehung gestaltet sich hierarchisch.

Einen solchen Klienten bezeichnen die Kurzzeittherapeuten als „Kunden“.

„Ein „Kunden-Beziehungstyp“ liegt vor, wenn Klient und Therapeut während einer Behandlungssitzung oder an deren Ende gemeinsam eine Beschwerde oder ein Behandlungsziel erkennen. Außerdem macht der Klient deutlich, dass er sich selbst als Teil der Lösung sieht, und ist bereit, bezüglich des Problems etwas zu tun.“ (Berg, 1993, 39)

Entscheidend ist hier, dass **der Klient erkennt, dass er sich oder etwas ändern muss**, wenn es besser werden soll.

Möglichkeit 2

1. Der Klient hat ein Problem!
2. Das Problem setzt ihn unter Leidensdruck.

3. Er will eine Verringerung dieses Leidensdrucks! (Deswegen kommt er in die Beratungsstelle.)

4. Zur Reduzierung des Leidensdruckes muss jemand anderes sich ändern (der Schüler, der Kollege, der Ehepartner,...), und er erwartet, dass jener bereit ist, das dazu erforderliche Quantum an Mitarbeit und an „harter Arbeit" aufzubringen!

5. Der Berater ist der Fachmann, an den das Problem delegiert werden kann.

Der Berater übernimmt als Fachmann die Verantwortung für die Lösung des Problems (etwa so wie der Arzt es tut), er wird dem „Anderen" sagen, was er tun soll. Der Berater bietet Lösungen an – die Beziehung gestaltet sich hierarchisch.

Hier handelt es sich um den Typ des **„Klagenden"**.

Dieser Beziehungstyp besteht, wenn Therapeut und Klient im Verlauf der Sitzung gemeinsam ein Behandlungsziel oder eine Beschwerde identifizieren können, nicht aber die konkreten Schritte, die der Klient machen muss, um eine Lösung zustande zu bringen. Klienten vom Beziehungstyp des Klagenden sind typischerweise in der Lage, ihre Beschwerde oder ihr Ziel sehr ausführlich zu beschreiben. Sie sehen sich jedoch nicht ohne weiteres als Teil der Lösung, sondern glauben eher, **die einzige Lösung liege darin, dass ein anderer sich ändert."** (Berg, 1993, 41, Hervorhebung von mir)

Möglichkeit 3

1. Der Klient hat kein Problem, zumindest kann er keines benennen.

2. Folglich steht er auch nicht unter Leidensdruck.

3. Er kommt zu Beratungsstelle, weil er geschickt wurde.

Diese Klienten nennt man **„Besucher"**.

Diese Beziehung besteht dann, wenn Therapeut und Klient am Ende der Sitzung nicht gemeinsam eine Beschwerde oder ein Ziel gefunden haben, an dem in der Therapie gearbeitet werden soll. Außerdem kann es sein, dass der Klient entweder zeigt, dass es kein Problem gibt, das der Behandlung bedarf, oder dass jemand anderes das Problem hat." (Berg, 1992, 43) Dieser „Typ" ist dann am häufigsten zu finden, wenn das Gespräch von einem Dritten initiiert worden ist.

„Der Therapeut stimmt zu, dass es vielleicht kein Problem gibt, das Therapie verlangt, bleibt aber bereit, dem Klienten bei der Entscheidung zu helfen, ob es eventuell etwas anderes gibt, woran er oder sie arbeiten möchte." (Berg, 1993, 44)

Was ist die Sichtweise und die Erwartungshaltung des Beraters?

1. Der Berater bietet eine vertikale (partnerschaftliche) Beziehung an, in der es seine Aufgabe ist,
2. zu strukturieren,
   - ✓ Informationen zu schaffen durch das Anbieten neuer Unterscheidungen,
   - ✓ neue Sichtweisen zu ermöglichen und
   - ✓ andere Beschreibungen und Sprachspiele anzubieten indem sie neben die Beschreibung der Klienten gestellt werden, alles mit dem
3. Ziel der Befähigung des Klienten zur Selbsthilfe.

- Er weiß von allen Beteiligten am wenigsten von den vorhandenen und zu verhandelnden Konflikten und Problemen.
- Er weiß, dass eine Vielzahl von Erwartungen auf ihn zukommen werden, die nicht nur in sich zum Teil widersprüchlich sind, sondern die auch seinen Vorstellungen seines Anteils an der Problembearbeitung nicht voll entsprechen werden.
- Möglicherweise hat er es gleichzeitig mit „Kunden" und/oder „Klagenden" und/oder „Besuchern" zu tun, die unterschiedliche Ziele verfolgen.
- Seine Sichtweise der Klienten-Berater-Beziehung könnte eventuell so umrissen werden: Grundlage jeder Zusammenarbeit ist Kooperation. Auf seiten des Beraters bedeutet das, dass er die Ziele, die sich der Klient setzt, unterstützt und ihm bei der Erreichung dieser Ziele behilflich ist. Dies auch dann, wenn der Klient Ziele formuliert, die mit dem ursprünglichen Behandlungsgrund nicht übereinstimmen oder wenn der Berater andere Ziele für sinnvoller hält.

Aufgabe des Beraters ist es, dem Klienten bei der Erarbeitung, Formulierung und Umsetzung von Zielen in konkrete Verhaltensweisen zu helfen (nähere Hinweise hierzu unter P. 5.5).

Diese unterschiedlichen Erwartungshaltungen und Ausgangspositionen von Berater und Klient(en) können zwei verschiedene Konsequenzen haben:

1. Die Wahrscheinlichkeit des Scheiterns einer Beratung ist umso höher, je rigider der Klient an seinem Postulat der Verantwortungsübernahme durch den Berater festhält, oder andersherum formuliert: je mehr er sich selber weigert, die Verantwortung für das Problem und seine Lösung zu übernehmen.
2. Ein erster Arbeitsschritt besteht im Vereinbaren eines „Kontraktes“, es wird ein Kooperationsbündnis formuliert (eventuell auch schriftlich), welches als unverzichtbare Bestandteile eine Aufgabenverteilung und das Beratungsziel enthält.

Voraussetzung und gleichzeitig zentraler Baustein von effektiver Beratung ist das Aushandeln des „Rahmens“, in dem Beratung stattfinden soll und die Verständigung über die zu erreichenden Ziele! (vgl.P.5.5 und 5.6)

Die mündliche oder schriftliche Formulierung eines Kooperationsbündnisses zu Beginn einer Zusammenarbeit zwischen Regelschul-, E-Lehrer und Schüler ermöglicht oder erleichtert zumindest viele nachfolgende Schritte.

Nicht immer, aber häufig ist das Erreichen des Punktes, an dem gegenseitige (hier ist auch der Schüler mitgedacht) Vorbehalte, Ängste vor Kontrolle, Bevormundung, Abwertung, dem Sitzen-Gelassen-Werden mit dem ungelösten Problem – schließlich tragen Regelschullehrer und Schüler nicht nur die Verantwortung, sondern auch das Risiko – aufgelöst sind und die gemeinsame Arbeit an dem Problem beginnt, der wichtigste Schritt in dem gesamten Prozess.

2.5 Die drei Experten

In diesem Abschnitt soll ein weiterer Grund dafür angeführt werden, warum ich die gleichberechtigte Position des Schülers, auf die ich schon mehrfach hingewiesen haben, nicht nur für sinnvoll, sondern für zwingend notwendig halte.

In ihrem Buch über kooperative Verhaltensmodifikation (Redlich/ Schley, 1978, 31) schlagen die Autoren vor, die Schülergruppe als beteiligte Instanz bei der Planung, Durchführung und Auswertung verhaltensmodifikatorischer Maßnahmen zu betrachten. Sie erhalten so den

Berater als „Modellfachmann",

den Lehrer als „Feldfachmann"

und die Schüler als „Selbststeuerungsfachleute".

Damit wird der Erkenntnis Raum gegeben, dass niemand über die vorhandenen „Verhaltensänderungspotentiale und -bereitschaften" so konkret Auskunft geben kann wie der Betroffene, oder umgekehrt formuliert, dass es relativ folgenlos bleibt, wenn andere sich darüber beraten, wie ein Dritter sich verändern soll. „Ohne hinreichende Beteiligung der Schüler oder gegen ihren Willen wird der Einsatz bestimmter Maßnahmen des Lehrers oder außenstehender Personen auf Widerstände stoßen, unterlaufen werden oder vielfältige Nebeneffekte bewirken, die nicht vorhersehbar sind." (s.o., 30).

Bei ihren Versuchen mit diesem Verfahren der kooperativen Verhaltensmodifikation machten die Autoren eine interessante Entdekkung, nämlich die, dass es in etlichen Fällen nach einer gemeinsamen Problembeschreibung und einer gemeinsamen Zielformulierung gar keiner verhaltensmodifikatorischen Techniken zur Zielerreichung mehr bedurfte, sondern dass die Erfahrung von Partnerschaft und Kooperation in der Schule schon als hinreichende Variable für Verhaltensänderungen (von Lehrer- und Schülerverhalten) begriffen werden konnte.

Ich kann einen Menschen nicht zwingen sich zu ändern, ich kann ihm nur helfen, sich selbst zu ändern!

Der Gedanke des Expertentums jedes einzelnen Teilnehmers wird im Kontext systemischer Beratungsgespräche ebenfalls betont. Jeder ist sozusagen der Experte für sich selbst. Aus seiner ganz individuellen Wahrnehmung und Bewertung von Wirklichkeit heraus ist auch nur jeder für sich selbst in der Lage, relevante Aussagen über eigene Potentiale zu machen.

Aus dem Austausch über die verschiedenen Problemsichten, Zielvorstellungen und Lösungswege entwickeln sich möglicherweise schon Hinweise oder konkrete Schritte für gemeinsame Lösungen.

Teil II

3. Einige Hinweise zum systemischen Denken

Für die Zusammenarbeit der „drei Experten" (es können natürlich auch mehr sein, besonders wenn man z.B. an die Eltern denkt) sind schon einige Argumente genannt worden

Im Folgenden soll dieser Vorschlag weiter untermauert und begründet werden durch die Vorstellung einiger grundlegender systemischer Sichtweisen und Denkmuster.

Diese beinhalten unter anderem Aussagen und Postulate über

- das Wesen und die Bedeutung von Konflikten,
- über unsere Wahrnehmung von „Wirklichkeit"
- oder über die „kontextbezogene Funktionalität" von Verhalten.

Diese Aussagen unterscheiden sich von den uns so vertrauten personenbezogenen Modellen (Eine Person *ist* so oder so, und deshalb muss man versuchen, diese Person zu verändern!) schon von ihren Grundannahmen her. Deshalb mögen sie vielen Lesern ungewöhnlich oder auch wirklichkeitsfremd erscheinen.

Einladung

Ich lade deshalb alle ein, sich neugierig und respektlos einzulassen auf möglicherweise neue oder andere Sichtweisen vom Menschen, seinem Verhalten und Möglichkeiten seiner Veränderung, auf die Funktion von Konflikten, die Mechanismen ihrer Aufrechterhaltung und mögliche Schritte zu ihrer Lösung.

Keine Einführung in systemische Theorie

Dabei wird dieses Kapitel keine grundlegende Einführung in systemische Theorie und Therapie oder in Systemtheorien bieten (vgl. hierzu etwa Bronfenbrenner, 1981; Huschke-Rhein, 1989; Ludewig, 1992; Schlippe/Schweitzer, 1996). Bei einem Ansatz, der Respektlosigkeit den eigenen Annahmen gegenüber vorschlägt (Cecchin, 1993) und dessen Entwicklung und Selbstverständnis definitive Aussagen kaum zulässt (Deissler, 1994) erscheint mir das auch weder leistbar noch sinnvoll. Stattdessen werde ich mich auf die Erörterung einiger prägnanter Aspekte beschränken, die von Bedeutung sind für die Vorgehensweise bei Beratungsgesprächen. Aufgabe der folgenden Seiten soll es demnach sein, durch exemplarisches Vorgehen einige systemische Denkmuster und die sich aus ihnen ergebenden Konsequenzen für konkretes Handeln vorzustellen.

Notwendige Voraussetzung zum Verständnis systemischer Fragetechniken

Wie in anderen beraterischen, pädagogischen oder therapeutischen Konzepten auch, ist es notwendig, sich mit den Begründungszusammenhängen und theoretischen Grundlagen auseinanderzusetzen.

Der Einsatz einer konkreten Techniken oder pädagogischen Haltung in der Praxis wird umso effektiver sein, je mehr sie reflexiv und begründet erfolgt. Ein ausschließliches – quasi rezeptologisches – Zusammenstellen von Vorschlägen zur Vorgehensweise reicht meines Erachtens nicht aus (vgl. dagegen Molnar/Lindquist, 1990).

Dies gilt insbesondere für systemisch orientiertes Handeln. Letztendlich ist es untrennbar verknüpft mit einer – eben systemischen – Denkhaltung, die das Verhalten eines Menschen nicht auf seine personalen Eigenarten zurückführt, sondern es einordnet in den situativen Zusammenhang, den Kontext, in dem es gezeigt wird.

Einfacher als eine präzise Antwort auf die Frage „Was ist systemisches Denken?“, ist es, zu sagen, was Systemik nicht ist: Systemisches Denken grenzt sich ab von Ansätzen, „denen es um die Zergliederung und Isolation von Elementen geht (Atomismus), die Elemente auf noch grundlegendere zurückführen wollen (Reduktionismus), die eine unmittelbar gegebene, eindeutige Realität annehmen (naiver Realismus) und die sich auf eine gradlinige kausale Abhängigkeit zwischen Variablen beschränken (lineares, dualistisches Denken)“ (Schiepek, 1986, 33).

Vertrautes Modell als Ausgangspunkt

Dabei werde ich im Folgenden von einer vertrauten Sichtweise, dem Umgang mit einem Konflikt aus einer linear-kausalen Perspektive, ausgehen, diese erweitern und sie schließlich einer der möglichen systemischen Beschreibungen eines Konfliktes gegenüberstellen.

(Die folgenden Metaphern, besonders die vom Froschteich und das Beispiel vom Tauschen in der Schule verdanke ich Frank Zimmer, vgl. auch Palmowski/Zimmer, 1994.)

3.1 Von der Einbahnstraße zum Froschteich

In der Gesamtschau betrachtet, hat sich Beratung und Therapie immer mehr mit den Problemen und weniger mit den Lösungen beschäftigt. Man sucht nach Ursachen von Problemen, Motiven und den Gründen für bestimmte Verhaltensweisen. Der Grundgedanke ist der, dass ein Symptom verschwindet, ein Problem sich auflöst, wenn die dahinterstehende Ursache erkannt und beseitigt worden ist. Für manche Arten von Problemen ist diese Denkweise nützlich und hinreichend: Etwa bei einer Autoreparatur. Übertragen auf menschliche und/oder zwischenmenschliche Konflikte wird dementsprechend ein Menschenbild zugrundegelegt, das als „mechanistisch" beschrieben wird (vgl. z.B. Efran, 1992, 17f).

Verhält sich ein Mensch abweichend oder krank, dann ist – nach dieser Annahme – irgendein Teil seiner „inneren Mechanik" (oder Hydraulik etc.) kaputt. Wird diese Ursache gefunden und mit den entsprechenden Werkzeugen (durch Reparatur) beseitigt, dann verhält sich der Betreffende wieder normal. Dieses Menschenbild und diese Grundannahme sind Ausgangspunkt nicht nur vieler „naiver Alltagstheorien", sondern finden sich auch in der Schulmedizin, der klassischen Psychiatrie und vielen psychotherapeutischen Verfahren.

Ich werde im Folgenden – von dieser Sichtweise ausgehend – darstellen, wie problematisches Verhalten auch anders gesehen und in andere Zusammenhänge eingeordnet werden kann. Dabei gehe ich von der Prämisse aus, dass, wenn es darum geht, Probleme zu lösen bzw. Lösungen zu finden, diese anderen Sichtweisen nützlicher sind.

Beispiel Einbahnstraße:

Dies war und ist die klassische Version eines Problemsettings:

Ein Experte (Berater, Lehrer, Arzt) beobachtet oder befragt einen Klienten (Schüler, Patienten),

- er zieht aus dem, was er sieht und hört Rückschlüsse,
- kommt damit zu einer Bewertung des Problems
- und entwickelt auf der Grundlage seines Fachwissens und der ermittelten Daten eine Lösung.

Dieses Setting ist hierarchisch strukturiert:

Es gibt ein oben, hier steht der Berater und es gibt ein unten, hier steht der Klient. Dieser zeigt ein Verhalten, welches (vielleicht „nur“ von jemanden anderem) als Problem beschrieben wird. Häufig ist ein solcher Klient in der Beratung auf sein Problem reduziert, der Klient ist das Problem. Die Ebene des Beraters hingegen wird hier zu einer Ebene der Macht. Der Berater kommt somit in die Rolle des Problemlösers. Der Klient gibt an der Beratungstür seine Verantwortung für die Problemlösung an den Berater ab.

Für ein Scheitern der Beratung trägt jetzt der Berater die Verantwortung.

Die Vorgehensweise in der Beratung ist meist defizitorientiert.

Diese Situation ist gegeben, wenn ein Lehrer eine bestimmte Verhaltensweise eines Schülers als ausschließlich personenabhängiges Problemverhalten beschreibt und definiert.

Beispiel

In der Schule tauschen die Schüler untereinander alles gegen alles. So hat ein Schüler zuhause eine wertvolle Goldmünze aus der Sammlung des Vaters gestohlen und sie gegen ein Plastikmonster eines anderen Kindes getauscht. Dieses Kind hat die Münze wieder getauscht und so weiter. Jedenfalls ist die Münze jetzt nicht mehr auffindbar.

Lehrer z.B.: Du weißt, dass die Münze, die du von zuhause weggenommen hast, sehr wertvoll war und dein Vater sehr ärgerlich auf dich ist. Zudem haben wir hier in der Schule die Regel, dass nichts getauscht werden darf.

Mir bleibt anscheinend keine andere Möglichkeit, als ab jetzt immer deine Taschen zu überprüfen, um zu sehen, was du in die Schule mitbringst.

Der Lehrer beschreibt linear das Problem, er ist sich seiner Autorität (Macht) bewusst und produziert eine Lösung für das Problemverhalten.

Beispiel Straßenkreuzung

Diese Form der Problembeschreibung und die daraus folgende Problemlösung folgt dem obigen Beispiel. Nur sind hier mehrere „Experten“ am Werk, die das Problem aus verschiedenen Richtungen (und möglicherweise auf dem Hintergrund verschiedener Erklärungsmodelle) betrachten, und die zunächst durchaus auch unterschiedliche Lösungen favorisieren. Die Entwicklung einer Lösung erfolgt durch die Experten und ohne Beteiligung des Klienten. Auch dies ist ein hierarchischer Prozess.

Die oben Stehenden bewerten, entscheiden und produzieren die Lösung.

Dasselbe Beispiel erweitert

Die Eltern erheben Vorwürfe gegen die Lehrerschaft, dass diese nicht ihrer Sorgfaltspflicht nachkomme und es nicht schaffe, das Tauschen zu unterbinden.

Die Lehrer erklären, es sei Aufgabe der Eltern, dafür zu sorgen, dass die Kinder nur die Dinge mit zur Schule bringen, die dort auch gebraucht würden.

Der Rektor schlägt vor, dass sich einige der Eltern zusammen mit den Lehrern der betroffenen Klassen zusammensetzen, sich über das Tauschen austauschen und gemeinsam nach einer Lösung suchen.

Die gemeinsame Lösung sieht zum Beispiel so aus: Nach diesem Gespräch wollen die Eltern stärker darauf achten, was ihre Kinder mit zur Schule nehmen und die Lehrer erklären sich bereit, noch eindringlicher auf das Einhalten der Schulregel „Bei uns wird nicht getauscht“ zu pochen sowie mit Konsequenzen auf ein Verletzen dieser Regel zu reagieren. Die Schüler sind ausschließlich Empfänger dieser Vereinbarungen.

Das Verhalten (Tauschen in der Schule) wird wiederum negativ beschrieben (meist moralisch als schlecht bewertet) und von höherer Ebene werden wieder Lösungen produziert (diesmal von mehreren Beteiligten).

Im Beratungskontext haben sich solche Problemlöseversuche als nicht sehr hilfreich erwiesen. Gründe dafür sind zum einen die möglichen oder tatsächlichen Schuldvorwürfe an den Klienten, zum anderen verhindert die erzwungene Unterordnung des Klienten ein Einbringen seiner eigenen Ressourcen.

(In der Beratungspraxis erweist sich dieses Problem als noch wesentlich komplexer und tiefschichtiger: Konkrete Lösungsvorschläge zu machen, kann vom Klienten auf vielfältige Weise als Abwertung seiner eigenen Anstrengungen verstanden werden. Deshalb werden direktive Lösungsvorschläge in aller Regel zurückgewiesen oder sie erweisen sich als unwirksam (vgl. Dorrmann, 1991, 112; Weakland, 1988, 28; Thomann, 1988, 214).

Beispiel Froschteich

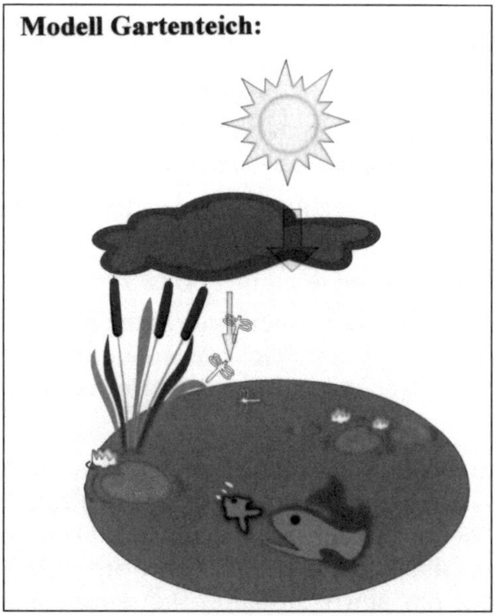

Mit dieser Metapher vom Froschteich soll beschrieben werden, wie aus systemischer Sicht ein Konflikt in seinem Kontext gesehen werden kann. Dabei soll uns der Teich als System dienen, (das irgendwann ein Problem produziert). Eine solche Sichtweise verlangt weniger ein analytisch geschultes Parzellieren des Gesamten in seine Einzelteile, sondern ein Denken in Kreisläufen und gegenseitiger Vernetztheit aller mit allen.

Ein Froschteich lässt sich nicht dadurch verstehen, dass ich bis in sein kleinstes Molekül schaue, sondern ich muss mich bemühen, die Regeln des Zusammenspiels seiner Elemente zu erfassen.

Diese Regeln sorgen dafür, dass das System funktioniert und sich selbst erhält.

In diesem Teichsystem gibt es unterschiedliche Mitspieler: Die Sonne, die das Wasser erwärmt und die den Pflanzen die Produktion von Sauerstoff durch Photosynthese ermöglicht. Das Schilf, in dessen Schutz viele Kleintiere leben und brüten, diese leben von den Insekten, die sich über der Wasserfläche tummeln und die die Pflanzen befruchten und ihre Larven an der Wasseroberfläche ablegen. Dort sind die Larven begehrte Speise von kleinen Fischen, diese sind wiederum Nahrung für größere Fische usw.. Die Größen der Populationen der einzelnen Arten regeln sich gegenseitig (wenn die durchschnittliche Sonnenscheindauer z.B. nicht zwölf Stunden pro Tag überschreitet.)

Nun ist dieses System vernetzt und verschachtelt mit anderen neben- und übergeordneten Systemen, die sich alle wechselseitig beeinflussen.

Bei einer Störung dieses Froschteich-Systems beispielsweise durch eine längere Sonnenscheindauer würde sich langsam etwas verändern:

Das Schilf zum Beispiel wird gelb und trocken, die Kleintiere, deren Zuhause das Schilf war, verschwinden, die Insekten nehmen ohne ihre natürlichen Feinde zu, durch verringerte Laichplätze werden die Fische weniger, durch die erhöhte Temperatur verdunstet das Wasser, der Teich vertrocknet, etc.

Jetzt passiert hier an diesem Teich etwas Besonderes:

Durch die Verdunstung entstehen Wolken, die sich zwischen Teich und Sonne befinden. Dadurch verringert sich die Sonneneinstrahlung und das Schilf erholt sich wieder, die Kleintiere kommen zurück usw.

Der Teich entwickelt ein Symptom, in diesem Beispiel symbolisiert durch die Wolken. Das bedeutet für das System Froschteich in diesem Falle: **Das Symptom hat eine positive Funktion, es trägt zur Stabilisierung und damit zum Überleben des Systems bei.**

Dies ist in der Pädagogik eine völlig ungewohnte Sichtweise: Das was traditionell als störend (Symptom), schlecht und damit als Problem beschrieben wird, bekommt hier für den Beobachter eine ganz andere Qualität. Das Symptom, das Problemverhalten, die Verhaltensstörung (vgl. hierzu ausführlich: Palmowski, 1996) kann auch eine positive, systemerhaltende Funktion haben. Dazu kommt, dass Wolken an sich nicht gut oder schlecht sind, sondern dass sich ihre Bedeutung immer nur aus einem bestimmten Zusammenhang heraus beschreiben lässt, wobei in diesen Prozess immer auch Bewertungen mit einfließen.

In Beratungsgesprächen wird diese Sicht etwa zum Ausdruck gebracht, indem man fragt:

> **„In welchem Kontext macht es einen Sinn / würde es einen Sinn machen, dass diese Person dieses als problematisch beschriebene Verhalten zeigt?"**
> (vgl. Cecchin, 1993, 55).

Beispiel Tauschen

Der Lehrer/Berater kann versuchen, mehr von der Problembeschreibung wegzukommen und stärker nach der (positiven) Funktion eines bestimmten Verhaltens suchen, eventuell Regeln erkennen, nach denen das Verhalten abläuft und sich selber in diesem Prozess als Teilnehmer begreifen.

In dem Beispiel könnte er erkennen, dass das Tauschen (Symptom) eine soziale Interaktion zwischen den Schülern bedeutet, die ein hohes Maß an sozialer Kompetenz verlangt. Tauschen fördert die Kontaktaufnahme zu anderen, die Schüler zeigen sich durch das Tauschen Anerkennung und gegenseitige Wertschätzung. Tauschgegenstände werden zu Statussymbolen!

Es könnte vielleicht deutlich werden, dass die Lösungsversuche der einen das Problem der anderen sind und umgekehrt:

Vielleicht stabilisiert das Tauschen auch das System Schüler, Lehrer, Schule oder das Subsystem der Schüler gegen das der Lehrer. Vielleicht hat das (von den Schülern als sinnvoll bewertete) Tauschen auch die Funktion des verdeckten Widerstandes gegen als sinnlos erlebten Schulalltag. Vielleicht wirken mehrere dieser Faktoren... Durch diese nicht defizitorientierte Sichtweise bieten sich völlig andere Interaktionsmuster für den Lehrer/Berater, die Eltern und die beteiligten Schüler an, die zum Beispiel die Einrichtung einer Tauschbörse zum Ergebnis haben könnten.

3.2 Verhalten im Kontext

Die Frage nach der Funktion von problematischen Verhaltensweisen im Kontext ist nicht die einzige mögliche systemische Sichtweise. Die Vertreter der „lösungsorientierten Kurzzeittherapie" (vgl.

z.B. de Shazer, 1989; Berg, 1992; Walter / Peller, 1994; Weiß, 1992) etwa gehen im Beratungsgespräch ganz anders vor. Sie unterstellen, ohne lange zu diagnostizieren oder zu differenzieren, für die Entstehung eines Problems einfach „bad luck" („Pech gehabt") (vgl. Weiß, 1992, 52) und gehen nicht weiter auf diesen Aspekt ein. Ihr Interesse konzentriert sich stattdessen auf die Lösungen und die Ausnahmen und Situationen, in denen sich das Problem nicht bemerkbar macht.

Ich werde auf diese Strategie und ihre Einsatzmöglichkeiten an späterer Stelle noch eingehen, da sich beide Sichtweisen für die Entwicklung von Problemlösungen als nützlich erwiesen haben. Im Folgenden soll jedoch zunächst die Frage nach den Zusammenhängen von Verhalten und Kontext näher untersucht werden.

Die Überlegung, Verhaltensweisen und gerade auch abweichende Verhaltensweisen aus ihrem Kontext heraus zu erklären, ist nicht neu (vgl. z.B. Szasz, 1972; Rosenhan, 1979).

1. Sie bietet viele Möglichkeiten, **Verhalten anders und neu** zu sehen.

   Das „hyperaktive Kind" etwa und sein genervter Lehrer erhalten neue Perspektiven für ihr Handeln, wenn aus der personenbezogenen Zuschreibung „Hyperaktivität" eine Verhaltensweise wird, die (aus Sicht des Schülers sinnvoll) immer dann eingesetzt wird, wenn er sich beispielsweise (sozial oder leistungsbezogen) bedroht fühlt. Hyperaktives Verhalten kann nützlich sein in einem als bedrohlich oder sinnentleert empfundenen Kontext Schule (vgl. Palmowski, 1996). (Ein solcher Mechanismus ist dabei nicht etwa bewusst oder gar geplant, sondern Teil eines Spielregelsystems – siehe unten – über das der betreffende Schüler auf Befragen nichts würde sagen können.)

2. Die Folgekonsequenzen dieser Prämisse – Verhalten ist immer kontextgebunden – sind jedoch schwerwiegend und weitreichend. Deshalb sollen die wichtigsten im Folgenden kurz genannt sein.

3.2.1 Spielregeln steuern das Verhalten

Das konkrete Verhalten eines Menschen ist nach dieser Sichtweise das Ergebnis vor allem der Regeln, die in einem bestimmten System gelten. Überall da, wo Menschen miteinander interagieren, tun sie dies nach bestimmten Regeln, die sie mit großer Souveränität anwenden, obwohl sie auf Befragen hin kaum eine von ihnen explizit benennen könnten.

„Beispielsweise würde die Interaktion von KundInnen in einem Schnell-Imbiss, aus der Vogelperspektive betrachtet, ein vorzüglich choreografiertes Ballett zeigen, dessen Mitglieder durch vielfältige, unausgesprochene Verständigungen geschickt vermeiden, aneinanderzustoßen. Sie setzen sich nicht an die Tische der anderen und fangen nur höchst selten Boxkämpfe wegen des Ketchupspenders an“ (Efran, 1992, 159)

Die Existenz und Bedeutung dieser Spielregeln wird häufig nur dann deutlich, wenn sie von einem der Beteiligten verletzt werden, oder wenn die Teilnehmer unterschiedliche Regelvorstellungen in die Situation miteinbringen.

In einem Gespräch mit einem Ehepaar, das erst seit ein paar Monaten verheiratet ist, taucht folgendes Problem auf. Zwischen den beiden kommt es immer wieder zu diffusen Unstimmigkeiten und zu einem Gefühl von Ratlosigkeit über das Verhalten des jeweils anderen. Im Verlaufe des Gesprächs schält sich folgendes heraus:

In der Herkunftsfamilie des Mannes läuft das Streiten nach folgenden Regeln ab: Es erfolgt lautstark und impulsiv, aber auch kurz und knapp. Die Beteiligten sagen sich gegenseitig ihre Meinung, damit ist die Sache erledigt und wird nicht wieder aufgegriffen. Da auf diese Weise nichts an den Konfliktmustern verändert wird, wird häufig miteinander gestritten. Dies wird von den Beteiligten möglicherweise nicht als Manko erlebt, sondern – ganz im Gegenteil – diese Streitkultur erlaubt es, häufig Kontakt zueinander aufzunehmen, und sich so die Wichtigkeit der Beziehung zu bestätigen. Der für Außenstehende aggressiv wirkende Umgangston wird von den Familienmitgliedern anders erlebt und bewertet.

In der Herkunftsfamilie der Frau erfolgt das Streiten subtil, leise und in manchmal langen Gesprächen, in denen auch Vergangenes wiederaufgegriffen wird. Zudem gibt es eine starke Tendenz, Auseinandersetzungen zu vermeiden und Konflikte zu leugnen. Zu lautstarken Gefühlsausbrüchen ist es in der Erinnerung der Frau nur ein- oder zweimal gekommen.

Beim Aufeinanderprallen dieser beiden Spielregelsysteme bleibt es unvermeidlich, dass beide verwirrt werden: Er ist nicht sensibilisiert für die „schwachen“ Signale und Hinweise seiner Frau, sie erlebt bei seinen lautstarken Kommentaren eine Katastrophensituation nach der anderen Beide erfahren, dass früher als wirksam erfahrene Regeln einen Teil ihrer Nützlichkeit verloren haben.

„Die Macht liegt in den Spielregeln, die sich in dem pragmatischen Zusammenspiel aller Beteiligten im Laufe der Zeit herausgebildet haben“ (Selvini-Palazzoli, 1987, 15). Sie steuern unser Verhalten und aus ihnen ergeben sich die Positionen der einzelnen Mitglieder eines Systems. Und wenn das Verhalten eines Menschen sich ändern soll, dann müssen die Spielregeln verändert werden. Im obigen Beispiel könnte dies dadurch geschehen,

- dass einer der beiden die Regeln des anderen übernimmt, oder
- dass beide sich aneinander anpassen und Kompromisse eingehen,
- dass beide gemeinsam ein neues und anderes Vorgehen entwickeln oder
- dass es einer der beiden schafft, dem Verhalten des anderen eine andere Bedeutung beizumessen als bisher, also, sich selbst zu ändern. Nach systemischem Denken müsste sich dann auch der Partner verändern.

Notwendig hierzu ist es, dass das neue Muster von den Beteiligten als wirksamer und befriedigender erlebt wird, als das alte. Diese Veränderung kann unbewusst und fließend oder durch explizite Thematisierung (Metakommunikation) erfolgen.

Die zweite, fatalere Möglichkeit wäre die, dass einer von beiden oder beide starr und rigide an ihren Vorstellungen festhalten und so Veränderung be- oder gar verhindern.

Je flexibler und dynamischer ein System auf Veränderungen reagieren kann und reagiert, desto eher wird es in der Lage sein, auftauchende Probleme konstruktiv zu lösen. Je rigider und starrer ein System auf Veränderungen reagiert, desto eher wird es Problemverhalten (eines oder mehrerer seiner Mitglieder) produzieren. Dies gilt auch für das System Schulklasse. Ein Lösungsgedanke besteht daher darin, diesen Sachverhalt selbst mit allen Beteiligten zum Thema zu machen.

In solchen Familien, die aufgrund einer „Familiengeschichte“ oder problematischer, nicht hinterfragbarer Prämissen an unveränderbaren Spielregeln festhalten, ist es keinem der Mitglieder erlaubt, sich unkontrolliert zu verändern. Jedem ist seine feste Rolle zugewiesen. Die Rigidität solcher Systeme wird noch erhöht durch zwei weitere Regeln über Regeln (vgl. Selvini-Palazzoli, 1977)

Regeln über Regeln

1. **Es ist verboten, die Regeln selber zur Diskussion zu stellen; Metakommunikation ist nicht erlaubt!**
2. **Es ist verboten, aus dem Felde zu gehen und damit den Geltungsbereich der Spielregeln zu verlassen!**

Bildlich gesprochen sitzen alle Mitglieder eines solchen Systems in einer Falle, aus der keiner entkommen kann und die von allen aufrechterhalten wird. Ein automatisch greifendes und verwirrendes Netz von Regeln, Regelkreisen und Verflechtungen erhält sich selbst aufrecht.

Übertragen auf unser obiges Beispiel würde dies bedeuten, dass

1. die Streitkultur selber nicht thematisiert werden dürfte
2. und dass es nicht erlaubt wäre, sich der Situation zu entziehen und zum Beispiel jemanden Dritten um Hilfe oder Unterstützung zu bitten.

Die Annahme, dass Verhalten gesteuert sei durch gruppenimmanente Spielregeln, führt umgekehrt in der Endkonsequenz zur weitreichenden **Reduzierung der Bedeutung von personenbezogenen Erklärungsmodellen des menschlichen Verhaltens.** Dies gilt auch für abweichende Verhaltensweisen wie Verhaltensstörungen, sogenannte psychische Krankheiten oder Probleme mit Drogen, wie z.B. Alkohol (Rennert, 1989; Berg, 1993). Eine Person ***ist*** nicht psychotisch oder verhaltensgestört oder sonst was, sondern sie ***zeigt*** psychotisches oder verhaltensgestörtes oder sonst ein Verhalten und sie tut dies in einem Kontext, in dem diese Verhaltensweisen (zumindest für diese Person) Sinn machen – sie erscheinen als funktional. (Das bedeutet nicht, dass der Beobachter diese Sinnhaftigkeit auch immer erkennen oder erschließen kann!)

Ein Lehrer an einer Heimschule sagte zu diesem Gedanken (sinngemäß): Aber wenn ich wütend bin, zum Beispiel über einen Erzieher von der Gruppe, und ich telefoniere dann mit dem und schreie ihn an, dann bin ich doch wütend, das steckt doch dann in mir drin...

Ich fragte ihn, ob er, wenn er auf den Heim- oder den Schulleiter genauso wütend wäre und er würde mit denen telefonieren, ob er sie genauso anschreien würde wie den Erzieher? Er: „Nein natürlich nicht!"

Dies Beispiel machte deutlich, dass selbst die Äußerung intensiver Emotionen die Existenz einer entsprechenden Regel oder Beziehungsdefinition voraussetzt.

- Ich bin überzeugt, dass es ein lohnendes Thema für Lehrer, z.B. in einer (oder vielen) pädagogischen Konferenz(en) sein dürfte, über (automatisierte, nicht bewusste und doch hochwirksame) Spielregeln im Kollegium oder zwischen Lehrer und Schüler oder in irgendwelchen Subgruppen nachzudenken und einige von ihnen aufzudecken und so einer Veränderung zugänglich zu machen.
- Es gibt keine Gruppe ohne Regelsystem – es gibt nur die Möglichkeiten, entweder einen kleinen Teil der Regeln gemeinsam und diskursiv auszuhandeln – sie sozusagen öffentlich erkennbar und gestaltbar zu machen – oder darauf zu verzichten, was gleichbedeutend damit ist, dass man Mechanismen der Verhaltenssteuerung unterworfen ist, die man kaum beeinflussen kann, weil man sie nicht erkennt (vgl. Grell, 1974, 136).
- Besonders spannend finde ich die Fragen nach der Verhandelbarkeit von Spielregeln: Was ist verhandelbar? Worüber ist es verboten zu reden? Welche Funktion hat diese Regel? In welchem Rahmen bewegen wir uns? Wem und wo und wie ist es möglich, den Rahmen zu verändern, zu erweitern oder neu zu definieren? Dazu zwei Beispiele:

Erleuchtung oder Desorientierung?

„In der Religion des Ostens, dem Zen-Buddhismus, ist Erleuchtung das angestrebte Ziel. Der Meister des Zen versucht auf verschiedene Weise, in seinem Schüler Erleuchtung zustande zu bringen. Zu dem, was er tut, gehört, dass er dem Schüler einen Stock über den Kopf hält und grimmig sagt: „Wenn du sagst, dieser Stock sei wirklich, werde ich dich damit schlagen. Wenn du sagst, dieser Stock sei nicht wirklich, werde ich dich

damit schlagen. Wenn du nichts sagst, werde ich dich damit schlagen." (Bateson, 1988, 18)

Veränderung erzeugen durch Veränderung der Spielregeln!

Wie die Lösung in dieser scheinbar ausweglosen Situation für den Schüler aussehen könnte, verrät uns ein altes russisches Märchen:

Der kranke Löwe

Der Löwe war krank und lag in seiner Höhle. Da besuchte ihn der Bär. Der Löwe fragte ihn: „Findest Du nicht, dass es in meiner Höhle stinkt?" „Ja, es stinkt ganz furchtbar", antwortete der Bär. Da wurde der Löwe zornig und zerriss den Bären.

Das hatte der Hase gesehen, und als er kam, um dem Löwen seine Ehrerbietung zu bezeigen, antwortete er auf dieselbe Frage: „Nein, hier stinkt es überhaupt nicht. Es duftet recht gut." „Du lügst", schrie der Löwe. „Es duftet nicht, es stinkt." Und er zerriss den Hasen.

Da kam der Wolf, und er antwortete auf die Frage des Löwen: „Nein, es stinkt nicht, und es duftet nicht." „Du lügst", sagte der Löwe, „das kann nicht sein". Und er tötete auch ihn.

Zuletzt kam der Fuchs. Der Löwe fragte wieder: „Stinkt es oder duftet es in meiner Höhle?" Der schlaue Fuchs aber antwortete: „Vergib mir, erhabener König, ich habe gerade einen solchen Schnupfen, dass ich nicht unterscheiden kann, ob es stinkt oder duftet, und ich wage nicht zu lügen." Da verschonte ihn der Löwe, weil er so klug gewesen war. (Matthaei, 1983, 12)

Auch für den Schüler des Zen wird die einzige Möglichkeit, einer Tracht Prügel zu entkommen, darin bestehen, den Rahmen der vorgegebenen Wirklichkeit zu erweitern und ihn neu zu definieren, etwa indem er den Vorschlag Batesons für diese Situation aufgreift: „Der Zen-Schüler kann den Stock über ihm ergreifen und ihn seinem Meister wegnehmen" (Bateson, 1988, 18). Auch der Fuchs entkommt ja aus der prekären Situation dadurch, dass er neben die vom Löwen vorgegebenen Möglichkeiten seine eigene Alternative formuliert.

3.2.2 Der Flügelschlag eines Schmetterlings

Wenn Verhaltensweisen aus ihrem Kontext heraus erklärt und gesehen werden, dann erscheint es nötig, auch den Kontext selbst eingehender unter die Lupe zu nehmen. Im vorangehenden Punkt habe ich auf den Aspekt der Bedeutung der Spielregeln hingewiesen, jetzt sollen die Systeme selber und die Art, wie sie miteinander verschachtelt sind, thematisiert werden. Als Ergebnis dieses Abschnittes wird verständlicher werden, dass eine linear-kausale Denk- und Sichtweise aufgegeben und durch ein Denken in Regelkreisen und Vernetztheiten ersetzt werden sollte.

Der Begriff des Systems gilt für die verschiedensten Größenordnungen von Gruppen. Als eine für unsere Belange vorläufig hinreichende Beschreibung von System kann folgendes gelten: Ein System besteht aus einer Anzahl von Menschen (Elemente), die unmittelbar oder mittelbar in Kontakt zueinander stehen und die durch ein bestimmtes Regelsystem miteinander verbunden sind (Beziehungen zwischen den Elementen).

(Wissenschaftlicher formuliert: „Ein System ist ein Aggregat von Objekten und Beziehungen zwischen den Objekten und ihren Merkmalen“ (Ludewig, 1992, 87). Prinzipiell ist es möglich, „atomare, molekulare, zellulare, organismische, persönliche, soziale und gesellschaftliche Phänomene als Systeme zu betrachten“ (von Schlippe, 1987, 21)).

Als „Systeme“ gelten demnach Familien, Schulklassen, aber auch die bunt zusammengewürfelte Gruppe in einem Zugabteil oder an einem Tisch im Lokal oder – in anderer Größenordnung – die Bewohner eines Stadtteils, alle Personen, die in einer Schule arbeiten oder unsere „Gesamtgesellschaft“ oder die Menschheit.

Bronfenbrenner (1981) hat verschiedene Systemkategorien vorgeschlagen, die sich auf die Größe der Systeme beziehen und – wichtiger – die das Wirken von kleinen Einheiten in größere hinein und umgekehrt deutlich machen:

- Mikrosysteme sind kleine Einheiten, in denen jedes Mitglied zu jedem anderen in unmittelbaren Kontakt steht und jeder auf jeden unmittelbar Einfluss nimmt, wie z.B. in Familien oder Schulklassen (s.o., 38).
- Mesosysteme sind die nächstgrößere Einheit, in der eine Person Mitglied ist, wobei sie unmittelbar Einfluss nehmen kann und wo unmittelbar Einfluss auf sie genommen wird, sie kennzeichnen die Wechselbeziehungen zwischen den Lebensbereichen einer Person, in denen sie aktiv beteiligt ist. Beispiel: die Bewohner eines Hauses oder die gesamte Schule (s.o., 41).

- Exosysteme sind von der Größenordnung her in etwa den Mesosystemen gleichgestellt. In ihnen ist man nicht Mitglied, doch nehmen Veränderungsprozesse, die hier ablaufen, unmittelbar Einfluss. Exosysteme für einen Schüler sind beispielsweise die Lehrerkonferenz, der Freundeskreis von Geschwistern oder der Arbeitsplatz von Vater oder Mutter (s.o., 42).
- Makrosysteme sind die größten Einheiten, denen eine Person zugehört, wie eine politische Partei, eine Religionsgemeinschaft oder die Gesamtgesellschaft. Dabei nimmt der Einfluss von Individuen auf komplexere Systeme ab, während diese den Einzelnen stark beeinflussen können (s.o., 42).

Dadurch, dass eine einzelne Person Mitglied in vielen solcher Systeme ist und dadurch, dass mehrere Mikrosysteme ein Mesosystem bilden können etc., besteht das Verhältnis von Systemen zueinander nicht in einem Neben- oder Übereinander, einem Vor- und Nachgeordnetsein, sondern:

- Systeme sind miteinander und ineinander verschachtelt und beeinflussen sich gegenseitig!
- Verändert sich in einem System ein Teil von diesem oder die Beziehung zwischen zwei Teilen, so verändert sich zwangsläufig das gesamte System!
- Verändert sich ein System, so verändern sich auch die Systeme, mit denen es verschachtelt ist!

Diese Aussagen beinhalten weitreichende Folgerungen für Theorie und Praxis, von denen einige hier vorgestellt sein sollen. Zunächst zwei mehr theoretisch-spekulativ erscheinende Überlegungen, denen dann zwei unmittelbar praxisrelevante folgen sollen:

- Da letztendlich jedes System mit allen anderen Systemen verschachtelt, vernetzt und verbunden ist, kann eine kleine Veränderung in einem System zu Veränderungen in anderen, möglicherweise weit entfernten Systemen führen. Diese Veränderungen können dabei potentiell von großer Tragweite sein. „In komplexen, nicht-linearen Systemen (können) nämlich gerade kleinste Ursachen zu allergrößten Wirkungen führen“ (Huber, 1993, 60) Ein Beispiel dafür ist der in der Chaosforschung nachgewiesene „Schmetterlingseffekt“, der zeigt, dass der Flügelschlag eines Schmetterlings einen Orkan auslösen kann (vgl. z.B. Huber, 1993; Gleick, 1990). Diese Aussage gilt für menschliche Systeme ebenso wie für ökologische Zusammenhänge (Ozonloch, Artensterben, etc.), für die dieser Sachverhalt eher bekannt ist oder nachvollziehbar erscheint. Letztlich lassen sich aber auch diese Systeme gar nicht voneinander getrennt sehen, sondern sind ebenfalls miteinander verschachtelt.

- Eine zweite Konsequenz dieser Vernetzung und gegenseitigen Beeinflussung von Systemen ist die, dass Veränderung stattfinden muss. Ständig müssen Systeme neue Informationen integrieren und geben Informationen an andere Systeme weiter. Um sich in dieser stetigen Veränderung orientieren zu können, haben wir das Konstrukt der Zeit erfunden.

Nicht die Zeit bewirkt Veränderung, sondern Veränderung bewirkt die Zeit!

Bronfenbrenner (1990) hat in einer späteren Veröffentlichung die zeitliche Dimension als zusätzliches System, als **„Chronosystem“**, beschrieben.

Dieser Gedanke hat Auswirkungen auf systemisches Selbstverständnis: Während in anderen Theorien, Konzepten, therapeutischen Verfahren etc. zumindest vorübergehend „definitive“ Aussagen, Postulate, Merksätze möglich waren und sind, scheint Veränderung und Weiterentwicklung geradezu ein konstitutives Merkmal systemischen Denkens zu sein. Aussagen werden immer nur vorläufig gemacht. Dies ist wohl auch ein Grund dafür, dass kaum „Definitionen“ (= Festschreibungen) in der Literatur zu finden sind, sondern eher Funktionsbeschreibungen. Ein typisches Beispiel hierfür findet sich in diesem Buch in den Überlegungen zu den „Zirkulären Fragen“ (P. 5.2). (Ein zweiter Grund für den weitgehenden Verzicht auf Definitionen ergibt sich aus den Aussagen der im Gliederungspunkt 3.3 behandelten konstruktivistischen Erkenntnistheorie!)

Dieser Sachverhalt des „alles ist im Fluss“ erweist sich auch als eine Schwierigkeit, systemische Denkmuster und Strategien niederzuschreiben, die nicht nur mich beschäftigt hat. Walter/Peller: „...das Manuskript (erschien uns) immer revisionsbedürftig. Mit jeder neuen Fassung entwickelte sich unser Denken und unsere Arbeit und bewegte sich fort. Schließlich erkannten wir, dass das Schreiben, das neue Denken und das Umschreiben ewig weitergehen könnten. Wir erinnerten uns dann an unsere Grundannahmen – dass alles Veränderung und Werden ist... (1994, 302)

- Der Gedanke wird jedoch attraktiv für therapeutische, beraterische und pädagogische Zusammenhänge, wenn man ihn umkehrt. Wenn kleine Veränderungen große nach sich ziehen können, heißt das auch, dass für ein kompliziertes Problem nicht auch unbedingt eine komplizierte Lösung entwickelt werden muss. Das jedenfalls ist eine der Grundannahmen der systemischen Kurzzeittherapie. Steve de Shazers Metapher vom Schloss und vom Schlüssel und vom Dietrich bringt dies gut zum Ausdruck:

  „Die Klagen, mit denen Klienten zum Therapeuten kommen, sind wie Türschlösser, hinter denen ein befriedigenderes Leben wartet. Die Klienten haben alles versucht, was ihnen vernünftig, richtig und gut erschien, und was sie unternommen haben, basierte auf ihrer unbezweifelten Realität, aber die Tür ist noch immer verschlossen; sie halten ihre Situation also für jenseits jeder Lösungsmöglichkeit. Häufig hat dieser Schluss immer weitergehende Bemühungen zur Folge: Nun versuchen sie herauszufinden, warum das Türschloss so und nicht anders beschaffen ist oder warum es sich nicht öffnen lässt. Dabei dürfte es doch klar sein, dass man zu Lösungen mit Hilfe eines Schlüssels und nicht mit Hilfe des Schlosses gelangt, und die sogenannten Dietriche (aller Art) passen zu vielen verschiedenen Schlössern“ (de Shazer, 1989, 12f).

- Die letzte Überlegung schließlich wird von Molnar/Lindquist den Lehrern für das Lösen von Problemen in Schulklassen vorgeschlagen: „Ändern Sie sich selbst“ (1990, 61). Der Lehrer als Mitglied des Mikrosystems Schulklasse kann problematisches Verhalten seiner Schüler nicht unmittelbar ändern, aber: „Sie können problematisches Verhalten beeinflussen, indem Sie sich selbst verändern“ (s.o., 34). Dies scheint die zuverlässigste Art, Einfluss zu nehmen auf das Spielregelsystem einer Klasse. Veränderungen erfolgen – und das mag von manchen Kollegen als problematisch oder ungewohnt empfunden werden – allerdings nicht linear-kausal und genau planbar und vorhersagbar, sondern durch das Angebot von Alternativen oder die **„Erzeugung von Unterschieden“.**

3.2.3 Der Unterschied, der einen Unterschied macht

Nachdem ich in bezug auf den Kontext auf die Bedeutung der Spielregeln und auf Systeme und ihre Beziehungen zueinander eingegangen bin, soll abschließend noch ein dritter Aspekt erörtert werden, die Frage nämlich:

Was genau bewirkt Veränderung?

Die Antwort lautet:
Der Unterschied, der einen Unterschied macht!

Dieser vielzitierte Satz Batesons (1983, 582) ist einer der Ausgangspunkte systemischen Denkens und Handelns. In dem Moment, in dem sich in einem System eine neue Information herausbildet oder ergibt, entsteht so ein Unterschied zur vorherigen Situation mit dem Ergebnis, dass das System sich zwangsläufig verändern muss.

Eine Information entsteht durch die Einführung einer Unterscheidung.

Ein Unterschied ist eine Information.

Zwei Beispiele, Ausschnitte aus Beratungsgesprächen, mögen diesen Sachverhalt verdeutlichen.

<u>*Beispiel 1:*</u>

Klientin: Mein Problem besteht darin, dass unser ältester Sohn (18 Jahre) furchtbar unordentlich ist und zu Hause nicht mithilft. Er lässt alles stehen und liegen und kümmert sich um nichts. Sie sollten sich einmal sein Zimmer ansehen, Sie würden die Hände überm Kopf zusammenschlagen. Jedenfalls ärgere ich mich darüber furchtbar.

Beraterin: Welche Veränderung wäre Ihnen denn wichtiger – die, dass Ihr Sohn ordentlicher würde und mehr mithelfen würde oder die, dass Sie sich darüber weniger ärgern?

Klientin: Ja, wenn es mir gelingen würde, mich nicht mehr zu ärgern, dann könnte es mir ja egal sein, wie sein Zimmer aussieht!

<u>*Beispiel 2:*</u>

Fritz Simon: Hm, ja. Was macht denn für Ihre Frau diesen Unterschied aus zwischen manisch-depressiv und nicht manisch-depressiv? Das ist ja eine Frage, die im Raume steht, die wichtig zu sein scheint. Was wäre, wenn das so etikettiert werden würde: Es ist manisch-depressiv? Was ist der Unterschied zu: Es ist nicht manisch-depressiv?

...

Herr Schneider: Na, der Unterschied ist: Wenn es manisch-depressiv ist, kann man es behandeln. Das haben uns die Ärzte versichert.

...

Fritz Simon: Und im anderen Fall? Was hieß es im anderen Fall für Ihre Frau?

Herr Schneider: Ja, im anderen Falle hieße es, dass ich an all den Sachen offenbar Schuld war (zuckt die Achseln, schaut seine Frau an). (Simon, 1999, 23f).

Veränderung oder Entwicklung von Systemen kann also dadurch hervorgerufen werden, dass durch „Fragen, die noch nie gestellt worden sind" neue Gesichtspunkte, Perspektiven, Aspekte etc. geschaffen werden. Man könnte dies als die grundsätzliche Strategie des systemisch orientierten Beraters bezeichnen. Seine Aufgabe besteht demnach darin, den Klienten Fragen zu stellen, die sie selber sich noch nie bewusst gefragt haben. So lassen sich in kurzer Zeit viele neue Unterschiede erzeugen.

Eine geeignete Fragehaltung ist dabei die des angemessen ungewöhnlichen Fragens.

Angemessen ungewöhnlich fragen

Tom Andersen plädiert in seinem Buch über das „Reflektierende Team" (1990, 34) für eine Fragehaltung, die er als angemessen ungewöhnlich bezeichnet. Gemeint ist damit der Ausschnitt aus der Gesamtmenge möglicher Fragen, der bei den Klienten

- weil es sich um **ungewöhnliche Fragen** handelt, zu neuen Informationen führt, auf die sie sich,
- weil die Frage **angemessen** ist, einlassen und die neuen Informationen aufnehmen und integrieren können.

Andere Fragen sind entweder

- **unangemessen ungewöhnlich**, d.h. sie sind den Klienten zu fremd, als dass sie die neu geschaffenen Informationen aufnehmen könnten, oder sie sind

- **unangemessen gewöhnlich**, d.h. sie schaffen keine neue Information, sondern reproduzieren lediglich Bekanntes.

Als terminologische Alternative findet sich bei Bandura der Begriff des **„gemäßigt Unvertrauten“** (Bandura, 1979, 41).

Er benutzt ihn in einem ähnlichen thematischen Zusammenhang, allerdings bezogen auf das Modellernen. Interessanterweise hält er ihn hier jedoch nicht für eine notwendige Bedingung. „Nach Auffassung der sozial-kognitiven Lerntheorie ist das Beobachtungslernen nicht auf das gemäßigt Unvertraute eingeschränkt“ (Bandura, s.o.). Hier schließen sich eine Reihe von Fragen an. So wäre zu fragen, ob beide Annahmen, die von Bandura und die von Andersen, zutreffen, und wenn ja, wo der Unterschied liegt zwischen Informationen, die durch Modellernen und solchen, die durch Fragen erzeugt werden.

In Kapitel 5 habe ich eine umfangreiche Sammlung möglicher „angemessen ungewöhnlicher“ Fragen zusammengestellt und kommentiert.

3.3 Konstruktivistische Erkenntnistheorie und die Unmöglichkeit instruktiver Interaktion

Das Weltbild der wohl meisten Menschen enthält die Überzeugung, dass das, was wir sehen und hören, fühlen, schmecken und riechen, auch tatsächlich und genau so existiert, wie wir es wahrnehmen und erfahren. Wir glauben, dass es eine objektiv existierende, beschreibbare Realität gibt, die sich allen gleich darstellt. Aufgabe der Wissenschaft ist es, dieser Welt ein Rätsel nach dem anderen zu entlocken, dieses zu lösen und so mit jeder neuen Erkenntnis der endgültigen Wahrheit und Wirklichkeit ein Stück näher zu kommen. Dabei steht „die Annahme, dass die eine existierende objektive Wirklichkeit nicht nur einfach da, sondern auch prinzipiell und grundsätzlich „wahr und objektiv“ erkennbar ist, nicht in Frage“ (Hargens, 1987, 48).

Genau diese Vorstellung von Welt und Wirklichkeit wird von den Vertretern einer konstruktivistischen Erkenntnistheorie bezweifelt und in Frage gestellt. Der Biologe Maturana (1985, 1987) zeigte beispielsweise mit naturwissenschaftlichen Experimenten, dass Menschen nicht „Wirklichkeit“ wahrnehmen, sondern diese in ihrem Gehirn konstruieren. Wahrnehmungen, aufgenommene Reize werden zu einem Gesamtbild zusammengesetzt, über dessen Abweichung vom tatsächlich Gegebenen keine Aussagen möglich sind. Wir können Aussagen machen über unsere Wahrnehmungen oder „inneren Landkarten“, aber nicht über unabhängig von uns existierende Realitäten Wir sind nicht in der Lage, „objektiv“ zu sein oder definitive Aussagen über Wahrheit zu formulieren. Für das Endergebnis ist der Wahrnehmende oder der Beobachter wichtiger als das Wahrgenommene.

So schreibt Heinz von Foerster:

„Objektivität ist die Wahnvorstellung, Beobachtungen könnten ohne Beobachter gemacht werden“ (1996, 16) und – wichtiger noch für pädagogisches Handeln:

„Aber die genialste Strategie, sich der Verantwortung zu entziehen, ist ‘Objektivität’. Objektivität verlangt die Trennung des Beobachters vom Beobachteten“ (1987, 24).

Einige Beispiele mögen illustrieren, was gemeint ist:

1. Von der Gesamtzahl aller in einer Situation vorhandenen Reize erfasst der Mensch nur einen kleinen Teil. „126 Informationen – so behaupten Wissenschaftler – kann der Mensch höchstens pro Sekunde verarbeiten. Alles, was darüber hinaus geht, muss er ausblenden, nimmt er einfach nicht wahr“ (Röthlein, 1993, 47).

2. Der „Blinde Fleck“ ist die Stelle im Augapfel, an der der Sehnerv zum Gehirn beginnt. Da hier keine Sehzellen zu finden sind, ist in jedem Bild, das unser Auge an das Gehirn weiterleitet eine „freie Stelle“, die das Gehirn automatisch auffüllt und integriert.

3. Eine Anzahl einzelner Informationen setzt das Gehirn zu „Gestalten“ zusammen, die so nur in den Gehirnen der Betreffenden existieren. Für den akustischen Bereich könnte man das gesamte Phänomen der Musik nennen. Die Instrumente erzeugen nur „Luftverwirbelungen“, die wir ordnend als Schwingungen bezeichnen. Zu Tönen und Klängen, zu Melodien, Harmonien, Spannungsbögen, Themen usw. werden sie erst in unseren Köpfen. Geräusche wie regelmäßig fallende Wassertropfen werden von uns rhythmisiert. Hier wird vielleicht auch am ehesten nachvollziehbar, welch unterschiedliche Wirklichkeiten (die dann im Musikerleben zum Ausdruck kommen) konstruierbar sind und

konstruiert werden. Ein Beispiel für den visuellen Bereich ist folgendes Dreieck, bei dem unser Gehirn die fehlenden Konturen ergänzt und bei dem verschiedene Beobachter durchaus unterschiedlich viele Dreiecke sehen.

4. Wenn man am Fuße eines Turmes stehend nach oben in den Himmel blickt, und Wolken über den Himmel ziehen, dann hat man den subjektiven Eindruck, dass der Turm nach vorn kippt. Den meisten Lesern dürfte diese Erfahrung vertraut sein. Wie ist sie zu erklären? Vielleicht so: Ein unzählige Male bestätigter Erfahrungswert ist der, dass sich der Vordergrund bewegt, während der Hintergrund als statisch wahrgenommen wird: Das Kaninchen (Vordergrund) läuft über die Wiese (Hintergrund), der Motorradfahrer bewegt sich vor dem unverrückbaren Waldrand. Beim Turmbeispiel ist es umgekehrt, hier bewegt sich der Hintergrund, und der Vordergrund bleibt stehen. Diese untypische Erfahrung führt zur Sinnestäuschung, durch die die Wolken als stehend und der Turm als kippend erlebt werden.

5. „Das Gewesene ist allein durch die Erzählungen anderer Menschen rekonstruierbar. Alle Darstellungen der Vergangenheit sind Erfindungen von Leuten, die über die Vergangenheit sprechen" (Foerster, 1998,102).

   „Schon wenn jemand über die Vergangenheit spricht, votiert er für eine mögliche Version eines Geschehens: Er weiß ja nicht, wie es war; er weiß nur, an was er sich erinnert" (ebd., 160f).

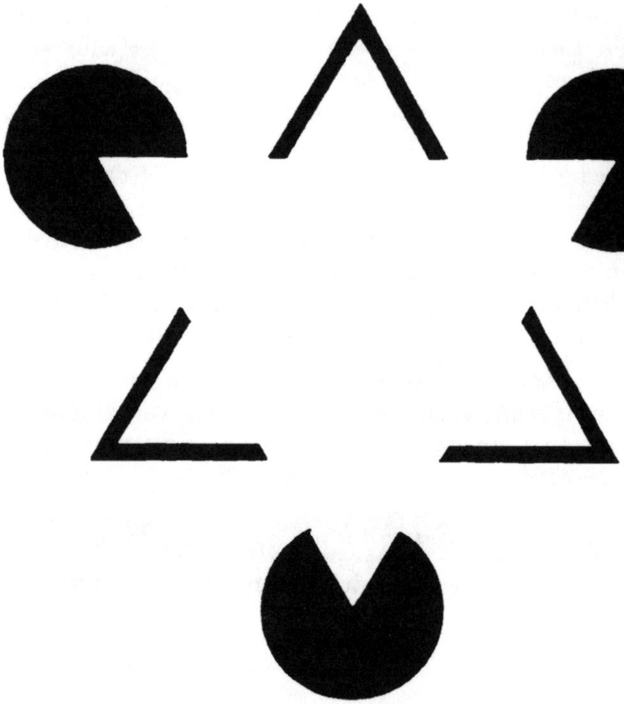

„Das nicht-vorhandene Dreieck“

Übung zum „Blinden Fleck“

Der „Blinde Fleck“: Schließen Sie das rechte Auge und schauen Sie auf das kleine Quadrat rechts, wenn Sie sich langsam dem Bild nähern, verschwindet irgendwann der schwarze Kreis und das Gehirn ergänzt den durchlaufenden Balken.

Die konstruktivistische Erkenntnistheorie

Somit lautet die Grundaussage der auf solchen Beobachtungen und Experimenten beruhenden „konstruktivistischen Erkenntnistheorie“: **Jeder Mensch konstruiert sich seine eigene Wirklichkeit**, (ohne sich dessen bewusst zu sein und in der Überzeugung „Recht zu haben“ oder doch zumindest objektive Sachverhalte zu benennen). „Das vermeintlich Gefundene ist ein Erfundenes, dessen Erfinder sich des Aktes seiner Erfindung nicht bewusst ist, sondern sie als etwas von ihm Unabhängiges zu entdecken vermeint und zur Grundlage seines „Wissens“ und daher auch seines Handelns macht“ (Watzlawick, 1981, 9)

Anders formuliert: Nach dieser Theorie müssen wir die Annahme aufgeben, dass die Welt, so wie wir sie aus unserer Erfahrung wahrnehmen, erleben oder konstruieren, auch ohne uns so ist, wie wir meinen, dass sie ist. „Die Umwelt, so wie wir sie wahrnehmen, ist unsere Erfindung“ (von Foerster, 1981, 40).

Peggy Penn zitiert eine „alte Rätselfrage: „In einem Wald fällt ein Baum, und weit und breit ist kein Mensch, der es hören könnte, gibt es trotzdem ein Geräusch?“ (Penn, 1983, 198).

Aus der Sicht der konstruktiven Erkenntnistheorie kann die Antwort nur „nein“ lauten oder zumindest „wir wissen es nicht“.

Peggy Penn ändert die Frage dann in „In einem Wald fällt ein Baum, und nur ein Gehörloser ist da, kann man das trotzdem hören?“ (s.o., 198). Die Antwort kann „Ja“ lauten, wenn der Betreffende seine Wirklichkeit (etwa aufgrund früherer Erfahrungen) entsprechend konstruiert.

Das Dilemma, in dem wir stecken, lässt sich nicht auflösen, denn „wir können nicht aus unserem Interaktionsbereich, der geschlossen ist, hinaustreten. Wir leben daher in einem Bereich subjektabhängiger Erkenntnis und subjektabhängiger Realität“ (Maturana, 1985, 268). Daraus ergibt sich unmittelbar ein weiterer Grund für den weitgehenden Verzicht auf Definitionen, denn: „Eine Definition ist solange einfach, solange man annimmt, dass es eine „objektive Wirklichkeit“ gibt, die prinzipiell zu erkennen ist... Wenn man mit Maturana Objektivität in Klammern setzt, dann steht ein solches Kriterium nicht mehr zur Verfügung“ (Hargens, 1987, 51).

Schlagwortartig lässt sich sagen:

- **Das „Paradigma der Objektivität“ wird abgelöst vom „Paradigma der Autonomie“** (Durkin in Efran, 1992, 17)

oder :

- **An die Stelle des einen Universums treten Multiversa** (vgl. Andersen, 1990, 41).

> ***Die Geschichte vom Rabbi***
>
> *Ein alter Rabbi erhält Besuch vom einem jungen Theologiestudenten. Während die beiden miteinander über die verschiedensten Dinge reden, kommt ein älteres Ehepaar zum Rabbi, das sich zerstritten hat und das sich vom Rabbi einen Rat erhofft.*
>
> *Der Rabbi sagt: Zuerst soll der Mann hereinkommen.*
>
> *Der Mann schimpft und flucht und zetert über seine Frau und als er fertig ist mit seinen Klagen sagt der Rabbi zu ihm: „Du hast Recht!“ Der Mann geht hinaus.*
>
> *Danach kommt die Frau herein und jammert und klagt und stöhnt über ihren Mann und als sie fertig ist mit ihren Klagen, sagt der Rabbi zu ihr: „Du hast Recht!“*
>
> *Als auch die Frau hinausgegangen ist, hält es den jungen Theologen nicht länger und er hält dem alten Rabbi vor, dass es nicht möglich sei, beiden recht zu geben, wo sie doch so verschiedener Meinung gewesen seien, und er verwirft das Verhalten des Rabbis auf das entschiedenste. Als er fertig ist mit seinem Plädoyer, sagt der Rabbi zu ihm: „Du hast Recht!“*

Die Frage, die sich zu dieser Geschichte stellt, ist natürlich die, ob der Rabbi Recht hat!

Bedeutung für systemische Beratung

Die Konsequenz dieser Erkenntnis für systemisches Handeln ist der Satz von der **„Unmöglichkeit instruktiver Interaktion“.** Die logische Begründung lautet: Da jeder Mensch seine eigene Wirklichkeit erschafft, ist es sinnlos und unmöglich, aus einer anderen Wirklichkeit heraus (der des Beraters etwa), Instruktionen, Lösungen, Vorschläge oder Interventionen zu unterbreiten, in der Erwartung, dass sie mit der Wirklichkeit des Klienten übereinstimmen.

Aus dieser Sicht können erzieherische Maßnahmen und unterrichtliche Vorgaben nicht bestimmen, was und wie ein Kind lernt, sondern die Struktur des Kindes entscheidet, was die erzieherische Intervention ausrichten kann und wohin sie führen wird. „Aus systemischer Sicht kann eine Erziehungsplanung jedoch nur insoweit gelingen, als sie zur Selbstorganisation des beteiligten Systems passt" (Weinholz, 1994, 44).

> ***Versailles***
>
> *Ein Freund erzählte mir einmal , dass er als kleines Kind mit seinen Eltern in Versailles gewesen sei – aber das einzige, an das er sich erinnern könne, wäre ein tolles Motorrad, das er dort gesehen habe.*

Die Metapher von der „inneren Landkarte" kann dazu dienen, dieses Problem weiter zu verdeutlichen. Im Kontext von Beratung besagt sie etwa folgendes: Der Klient hat von seinem Problem und allen mit diesem verbundenen Faktoren eine ganze konkrete Vorstellung, über die Ursachen, ihre Erklärung, ihre Entwicklung usw. Diese Daten werden nun beschrieben als seine innere Landkarte, die sich der Klient von seinem Problem in seinem Kopf gebildet hat. Über diese Landkarte kann der Klient nun unterschiedlich präzise Aussagen machen, etwa über seinen Standort auf der Karte.

Es ist eher wahrscheinlich, dass er sich nicht darüber im klaren ist, dass die *„Karte nicht das Territorium ist"* (Bateson, 1983, 577). Beispielsweise halten Menschen einen bestimmten Sachverhalt für problematisch und verorten den Problemgehalt in oder bei der Sache. Sie übersehen, dass sie selber es sind, die diese Bedeutungsbeschreibung vornehmen:

Jedes Problem hat genau die Bedeutung, die man ihm beimisst!

Wahrscheinlich ist daher auch, dass Versuchen, einem anderen Menschen seine eigene innere Landkarte (Sichtweise) zu verkaufen, etwa die innere Landkarte, die sich der Berater von dem Problem gebildet hat, Widerstand entgegengesetzt wird, weil sie nicht passend ist mit der Sichtweise des Klienten.

Eine solche Situation würde in Versuche einmünden , den jeweils anderen von der Richtigkeit der jeweils eigenen Sichtweise zu überzeugen, also in eine argumentative Ja-Aber-Auseinandersetzung. Oder der Berater würde aus seiner Sichtweise des Problems Lösungsvorschläge ableiten und unterbreiten, die der Klient dann mit ebenfalls hoher Wahrscheinlichkeit als speziell für ihn nicht anwendbar erklärt: „Also in Ihrer oder in anderen Klassen mag das ja gehen, was Sie da sagen, aber bei meinen Schülern ist das völlig unmöglich...!"

Die Situation wäre nicht mehr durch kooperieren definiert, sondern durch die Existenz zweier miteinander konkurrierender Modelle, verbunden mit der Gefahr, einen (vordergründig beim Berater angesiedelten) Machtfaktor ins Spiel zu bringen.

Aus systemischer Sicht sollte es dagegen die Aufgabe des Beraters sein, durch angemessen ungewöhnliches Fragen dem Klienten dabei behilflich zu sein, für sich selber neue Informationen zu schaffen. Und zwar ausschließlich in Bezug auf dessen innere Landkarte oder eventuell auch seinen Standort auf dieser Karte. Schließlich ist es die Aufgabe neuer Sichtweisen und Informationen, dem Klienten dabei zu helfen, *seine* Sicht der Dinge zu verändern.

Die Fragehaltung kann dann auch nicht mehr die sein, ob etwas „wahr" oder „richtig" ist, ob es „stimmt", sondern ob es „nützlich" ist:

- Wohin führt es, wenn man etwas so beschreibt?
- Wohin würde es führen, wenn man es anders beschreiben würde?

Unvoreingenommenheit

Wenn eine innere Landkarte des Beraters aus dieser Perspektive heraus einen Klärungsprozess eher behindert als fördert, dann ist damit ein weiteres wichtiges Stichwort gegeben, nämlich das von der Unvoreingenommenheit des Beraters (vgl. Cecchin, 1996). Gängige und vertraute Verfahrenswege werden hier auf den Kopf gestellt und in ihr Gegenteil verkehrt. Eine Vorlaufphase, die der Diagnose und Anamnese dient, entfällt, weil die Erhebung solcher (meist ohnehin personenbezogener) Daten nur die Konsequenz der Bildung einer inneren Landkarte beim Berater zur Folge hätte. Damit aber ist dem Klienten nicht geholfen. Tatsächlich reagieren manche Therapeuten auf einige erfolglos verlaufene Gespräche mit einer längeren Pause bis zum nächsten Termin, um ihre Informationen über die Klienten vergessen und wieder unvoreingenommener in die Interviews hineingehen zu können.

Dabei muss der Vorschlag, vor einem Gespräch „seine Voreingenommenheit an der Garderobe abzugeben“ als relativ gesehen werden. Cecchin u.a. (1993, 26) weisen darauf hin, dass es **unmöglich ist, keine Hypothese zu haben,** und fehlende Informationen schützen auch nicht vor Voreingenommenheit. Letztendlich kann es meiner Überzeugung nach nur darum gehen, sich dieses Prozesses auch automatisierter Hypothesenbildung möglichst bewusst zu sein und darum, möglichst offen in ein Gespräch zu gehen. Für die Beraterstrategie bedeutet dies, dass es nicht darum geht, sich eine innere Landkarte von den Problemen der Klienten zu zeichnen, sondern darum, den Klienten durch angemessen ungewöhnliche Fragen Möglichkeiten anzubieten, neue Eintragungen in ihre eigenen Karten vorzunehmen. Dies kann durchaus dazu führen, dass man als Berater seine eigenen Voreingenommenheiten oder Hypothesen explizit in das Gespräch einbringt und beispielsweise die Klienten fragt, was sie von einer solchen Überlegung halten (Cecchin,

„Man sollte mit den Hypothesen, die man im Kopf hat flirten, aber man sollte sie nicht heiraten.“
(G. Cecchin, mündl. Mitteilung)

Beratung als Kooperation

Dieser, theoretische Hintergrund wirft meiner Ansicht nach auch neues Licht auf den Vorschlag, Beratung als einen kooperativen und nicht hierarchisch strukturierten Prozess zu begreifen.

Die schon genannten Formulierungen

Vom Operieren zum Kooperieren

oder

Vom Behandeln zum Verhandeln

erfahren hier keine therapeutische, pädagogische oder didaktische Begründung, sondern erhalten ihre Bedeutung allein schon aus ihrer Alternativlosigkeit. Aus dieser theoretischen Perspektive geht es letztendlich gar nicht anders.

Etwas anders formuliert, lässt sich auch sagen, dass eine Konsequenz dieser konstruktivistischen Sichtweise die ist, **verantwortlich sich selbst und tolerant anderen gegenüber** zu sein.

„Wir müssen die Verantwortung für unsere Wirklichkeit übernehmen. Wir können nicht mehr sagen: Die Welt ist eben so, sondern wir müssen sagen: Wir machen die Welt so.

Wir müssen tolerant werden und die Entscheidungen des anderen, wie er die Welt sehen will, respektieren; denn es sind keine objektiven Maßstäbe erkennbar, aus denen ich ableiten könnte, dass ich einen höheren Anspruch auf Wahrheit habe als der andere“ (Rotthaus, 1989, 12f).

4. Hinweise für Beratungsgespräche im Kontext von Schule

Im folgenden Kapitel werde ich das Thema: „Beratung in der Schule“ näher betrachten und wieder an die im Teil I beschriebenen problematischen Situationen und Interaktionen anknüpfen. Auf dem Hintergrund der im letzten Kapitel vorgetragenen Überlegungen können jetzt Hinweise, Ideen, Tips und Vorschläge thematisiert werden, die aus systemischer Sicht von Bedeutung sind oder sich als nützlich erwiesen haben, die Effektivität solcher Gespräche zu erhöhen.

Nachdem ich im letzten Kapitel auf die Bedeutung des Kontextes für Verhalten hingewiesen habe, greife ich den Faden hier wieder auf und frage zunächst nach dem

- Kontext von Beratung in der Schule und den produktiven Veränderungsmöglichkeiten, die sich für diese Konstellation ergeben können.
- Anschließend werde ich dem Leser
  - Hilfen für problematische Gesprächsverläufe,
  - Hilfen für problematische Lösungsstrategien und
- didaktische Gesprächshilfen

vorstellen und diese diskutieren.

4.1 Der Kontext von Beratung

Im Kap. 1. bin ich auf die unterschiedlichen Ausgangspositionen und Zielvorstellungen der an einem Beratungsprozess im schulischen Kontext Beteiligten eingegangen und habe dort eine Reihe möglicher Probleme, die sich aus unterschiedlichen Vorstellungen ergeben können, beschrieben.

Aus diesen divergierenden Erwartungshaltungen ergibt sich eines der vorweg zu lösenden Probleme: das der **Aushandlung eines Kooperationsvertrages.**

Die Erfahrung vieler Kollegen zeigt, dass dies für sie oft genug der am schwersten zu bewältigende Schritt ist:

- Der Beratungslehrer erlebt den Regelschullehrer möglicherweise als beratungsunwillig – dieser möchte vielleicht gar keine Probleme mit seinem schwierigen Schüler mehr lösen, sondern sie nur noch beenden. Er möchte verständlicherweise Entlastung und nicht zusätzliche Arbeit, zusätzlichen Zeitaufwand oder gar Kontrolle und Bevormundung.
- Der Regelschullehrer erlebt sich vielleicht als missverstanden, seine Anstrengungen nicht genügend gewürdigt, die Vorschläge des Berater-Kollegen als an der Sache vorbei etc. Vielleicht erhofft er sich auch Ratschläge in Form von Rezepten, die sofort wirken. Förderung des Schülers in seinem Verständnis ist eher bezogen auf die Schulleistung und weniger auf beispielsweise dessen Selbstvertrauen oder Erfahrung von Selbstwirksamkeit (Flammer, 1990). Seine eigene Beteiligung wird möglicherweise gar nicht in Betracht gezogen.
- Die Sichtweise und die Erwartungshaltung des Schülers wird – nachvollziehbarerweise – zumindest in der Startphase durch Vorsicht und Maßnahmen der Selbstverteidigung gekennzeichnet sein.

Diese Situation ist der Ausgangskonstellation vieler Beratungsgespräche in anderen Kontexten durchaus vergleichbar, wie z.B. in dem nicht seltenen Fall, dass eine Frau ihren Mann mit in eine Beratungssituation schleppt, obwohl der „überhaupt nicht weiß, was er dort soll!“ (vgl. z.B. Thomann, 1988, 56).

In einem solchen Fall erscheint es wenig sinnvoll, gleich in die inhaltlichen Probleme einzusteigen. Statt dessen gibt es in nahezu allen Beratungsgesprächen zu Beginn, und bei Bedarf auch immer wieder eingestreut, Phasen, in denen der Rahmen der Beratung durch **Metakommunikation** geklärt wird.

Das heißt, bevor in die Diskussion darüber eingestiegen wird, was der Regelschullehrer und der betroffene Schüler als ihre Probleme ansehen, wird der Kontext geklärt, in den der gesamte Prozess der Beratung eingebettet sein wird.

> *Ich bin immer mehr der Überzeugung, dass dieser erste Schritt unverzichtbar und einer der wichtigsten überhaupt ist. Je mehr bei allen Beteiligten Konsens und Klarheit über den Stellenwert, die Aufgabe und die Ziele der Beratung hergestellt ist – und damit auch Transparenz über die Sichtweisen und Ziele der einzelnen Teilnehmer, desto wahrscheinlicher wird es im*

Beratungsprozess zu produktiven Prozessen und Veränderungen kommen.

Bevor ich diese Eingangsphase näher beschreibe, weise ich noch einmal darauf hin, dass diese Rahmenklärung auch während des laufenden Prozesses immer wieder notwendig werden kann. Immer dann, wenn einer der Beteiligten das Gefühl hat (d.h. er muss sich der „Richtigkeit" seiner Wahrnehmung und seiner **Gefühle** gar nicht sicher sein!), dass divergierende Auffassungen über die Rahmenbedingungen der Beratung bestehen, sollte dies unmittelbar geklärt werden! (Vgl. hierzu auch die Überlegungen und Fragen in den Gliederungspunkten 5.6 und 5.7!)

Diese Sichtweise ist durchaus nicht neu.: Sie deckt sich z.B. mit dem berühmten Satz: **„Störungen haben Vorrang"**, aus der „Themenzentrierten Interaktion" von Ruth Cohn (1975), mit dem sie Unstimmigkeiten in den Beziehungen den Vorrang gibt gegenüber der Arbeit am Inhalt.

4.1.1 Vorweginformation über das Beratungsangebot

- Lehrer, die Kollegen anderer oder der eigenen Schule Beratung anbieten, sollten dieses Angebot – quasi **präventiv** – möglichst konkret und dezidiert in einer Situation (z.B. in einer pädagogischen Konferenz) vorstellen, in der kein spezifischer Beratungsbedarf vorliegt.
- Je genauer die Regelschullehrer über die Angebotspalette an Beratung, Möglichkeiten und Grenzen, die Größenordnung in Quantität und Qualität und die Kooperationsvorstellungen des Beratungslehrers Bescheid wissen, desto weniger wird es zu Missverständnissen und Frustrationen kommen, wenn sie dieses Angebot irgendwann einmal in Anspruch nehmen.
- Die Gefahr, dass der Beratungslehrer in eine Situation hineingerufen wird, in der er die Rolle der Feuerwehr oder die Aufgabe der Krisenintervention zugeschoben bekommt, kann so deutlich reduziert werden.
- Der vorinformierte Regelschullehrer kann sich um Unterstützung bemühen, **bevor** die Probleme in der Klasse so eskalieren oder ein so hohes Belastungspotential entwickeln, dass Beratung nicht mehr sinnvoll oder möglich erscheint.

- Teil dieses Konzeptes sollte sein, dass auch die Schüler über dieses Beratungs- und Hilfeangebot informiert sind und es in Anspruch nehmen können.
- Dem Beratungslehrer wird durch die Konzeptionalisierung seiner Arbeit klarer sein, für welche Problemstellungen er Kooperationsangebote machen kann, wo er die Grenzen seiner Möglichkeiten sieht und wie wichtig für ihn die Möglichkeit des Feedback durch Supervision sein wird.

Beispiel für eine solche Vorinformation durch einen Flyer:

M o M o

Moderations-Modell

Externe Gesprächsmoderation und Beratung im schulischen Kontext

MoMo bedeutet:

- Die TeilnehmerInnen entscheiden selbst über ihr Thema
- Niemand ist verpflichtet, etwa zu sagen, das sie/er nicht sagen will.
- Die ModeratorInnen nehmen eine neutrale Haltung ein.
- Die Teilnahme ist freiwillig, kostenfrei und absolut vertraulich

Zuhören

Was die kleine Momo konnte wie kein anderer, das war: Zuhören. Das ist doch nichts Besonderes, wird nun vielleicht mancher Leser sagen, zuhören kann doch jeder.

Sie konnte so zuhören, dass ratlose oder unentschlossene Leute auf einmal ganz genau wussten, was sie wollten.

MoMo fördert

- Die Bereitschaft zu Gespräch und Kooperation,
- das gegenseitige Zuhören und Verstehen,
- die Fähigkeit der fairen Verhandlung,
- das selbstbestimme und selbstverantwortete Handeln,
- die Entwicklung neuer Handlungsmöglichkeiten,
- den Blick auf neue Denkseisen,
- das Überdenken der eigenen Tätigkeit,
- die Anerkennung andere Sichtsweisen,
- eine Atmosphäre von Offenheit und Vertrauen,
- Lösungen, bei denen alle gewinnen.

MoMo ist Angebot für alle,

- . die in und mit der Schule, den Schülerinnen und Schülern und deren Eltern leben und arbeiten.
- die nach Lösungen und neuen Ideen suchen.
- die ihre Ziele kennen, aber noch keinen gemeinsamen Weg.
- die sich in einer Einbahnstraße sehen und nach Auswegen suchen.
- Pädagoginnen und Pädagogen, die einzeln oder mit anderen über ihre Situationen nachdenken wollen.

4.1.2 Inhaltliche Überlegungen

Ein fairer und konstruktiver Kooperationsvertrag wird wesentlich einfacher auszuhandeln sein, wenn man sich zunächst über die Rahmenbedingungen verständigt, als über eine inhaltliche problembezogene Argumentation. Viele mögliche Fragen zur Klärung des Rahmens und zum Gesprächsverlauf sind unter P. 5.6 zusammengestellt.

Zur Kooperation kann niemand durch „schlagende" Argumente überzeugt oder überredet werden. Zur Kooperation kann man immer nur einladen. Dennoch folgen, quasi als Ergänzung, einige Überlegungen inhaltlicher Art, von denen ich denke, dass sie in dem einen oder anderen Fall nützlich oder förderlich sein können.

1. Kooperation in einem spezifischen Fall kann für den Umgang mit zukünftigen Konflikten hilfreich sein und so den Regelschullehrer langfristig entlasten!

   Ein Vorteil dieser Sichtweise wäre unter anderem der, dass nicht mehr der Problemschüler mit seinem „individuellen Konfliktpotential" im Brennpunkt der Beratung stünde, sondern die Frage: Wie kann ich mir als Lehrer Entlastung dadurch verschaffen, dass ich für zukünftige Konfliktsituationen effektivere (und kooperativere) Problemlösungsstrategien entwickle? Diese Möglichkeit schlüge man sich mit der Ablehnung von Beratung und Kooperation selber aus der Hand.

   Die aufreibende und wirkungslose Vorgehensweise des „Mehr Desselben" (vgl. P. 4.3.2) bliebe wahrscheinlich erhalten – im nächsten Fall wäre alles unverändert.

2. Wohl des Kindes gegen Wohl des Lehrers?

Möglicherweise wäre es sinnvoll, darüber zu diskutieren, inwieweit die Fragestellung: „Was ist mir wichtiger? Das Wohl des Kindes oder das Wohl der anderen Schüler oder mein eigenes Wohlergehen als Lehrer? Veränderbar wäre in: „Wie könnte es möglich sein, alles miteinander zu verbinden?“

„Soll ein andernorts unerträglich gewordener Druck weitergeleitet werden? Soll noch jemand scheitern, damit die bislang Gescheiterten getröstet werden? Wäre die Maßnahme auf der Beziehungsebene etwas Neues oder aber „mehr Desselben“?“ (Schweitzer/Reuter, 1991, 174)

Abstrakt formuliert, ginge es hier um die Umsetzung einer systemischen Gesprächsstrategie, nämlich der, eine „Entweder-Oder“-Denkfigur (die statisch und rigide ist) umzuformulieren in eine „Sowohl-Als-Auch“- Sichtweise, die Veränderungen und Entwicklungen zulässt.

Die Einbettung eines Problems in ein „Entweder-Oder“-Muster ist ein subjektiver Akt und entspricht nicht der Struktur der Gegebenheiten. Man kann überspitzt sogar sagen, dass es notwendig ist, einen bestimmten Sachverhalt in die Form der Entweder-Oder-Logik zu gießen, damit überhaupt ein Problem erst entstehen kann. Eine Veränderung in eine „Sowohl-Als-Auch“ Perspektive verändert automatisch die Bedeutung des Problems. (Vgl. hierzu P. 5.1 Das Verflüssigen)

Das Denkmuster „Entweder-Oder“ („Entweder er oder ich“) weist noch auf einen weiteren zentralen Sachverhalt hin, der in einer „Grundsatzdiskussion“ (ein weiteres Thema für eine Pädagogische Konferenz) durchleuchtet werden könnte, nämlich den, dass die Beziehungen in der Klasse mehr unter dem Aspekt von Konkurrenz und Kampf gesehen werden als unter dem der Kooperation. Diese bedürfte in der Tat der Frage nach dem „Sowohl – als auch“!

Beziehungsmuster

In seinem Buch „Anleitung zum Unglücklichsein“ stellt Watzlawick (1983) zwei Grundmuster vor, wie Menschen sich Beziehungen vorstellen. Das eine ist die Null-Summen-Beziehung, das andere das Plus-Muster.

In der Vorstellung des ersten Musters erhält man, wenn man die Vorteile und die Nachteile aufrechnet, die sich aus einer

Beziehung für alle Beteiligten ergeben, immer: Plus-Minus-Null. Der eine profitiert, der andere zahlt drauf. Das Ergebnis dieses Musters ist Konkurrenz, das Streben danach, möglichst zu denen zu gehören, die Gewinn einstreichen und die Konsequenz ist die eines Denkens in „Entweder-Oder"-Kategorien. Entweder ich gewinne oder ich verliere, also muss ich um meinen Gewinn kämpfen.

Die zweite Überlegung besagt, dass Menschen miteinander Beziehungen so gestalten können, dass von allen Beteiligten für alle Beteiligten unterm Strich ein Plus erwirtschaftet werden kann. Kooperation setzt ein solches Verständnis von Beziehung voraus.

4.1.3 Wie man einladen kann zur Kooperation

An einem Beispiel möchte ich deutlich machen, wie ein – in diesem Falle externer – Berater die anderen Gesprächsteilnehmer einladen kann zu einem hilfreichen und kooperativen Gedankenaustausch. Teilnehmer dieses Gespräches sind in diesem Falle (neben dem Berater):

- ein Klassenlehrer, der mit einem Jungen seiner Klasse (9. Schuljahr), den er als hochaggressiv, leistungsschwach („Er könnte, wenn er nur wollte!") und sehr schulmüde erlebt, nicht mehr weiter weiß
- der Schüler
- und seine Eltern.

Initiiert wurde die Einladung des externen Beraters durch den Klassenlehrer. Der Berater kennt weder die anderen beteiligten Personen noch weiß er Genaueres über das „Problem" bzw. die „Probleme".

Zu Beginn sagt der Berater zu den anderen sinngemäß Folgendes:

„Bevor wir anfangen, möchte ich gerne eine Vermutung darüber äußern, was *das Ziel des Klassenlehrers* in Bezug auf dich als Schüler ist, und meine Spekulation heißt: Der Klassenlehrer möchte, dass du hier an dieser Schule ein Abschlusszeugnis bekommst mit möglichst guten Noten, weil er genau weiß, dass dies die einzige Chance ist auf einen Arbeitsplatz oder eine Berufsausbildung. Das ist, so vermute ich, das Ziel des Klassenlehrers.

Wenn ich jetzt weiter überlege, welches *Ziel als Eltern* Sie für ihren Sohn hier in der Schule im Kopf haben, dann nehme ich an, dass auch Sie sehr daran interessiert sind, dass Ihr Sohn, wenn er diese Schule verlässt ein möglichst gutes Zeugnis in der Tasche hat, weil auch Sie wissen, wie die Chancen auf dem Arbeitsmarkt aussehen. Das heißt für mich: Sie verfolgen dasselbe Ziel, wie der Lehrer.

Und wenn ich jetzt sage, wie *dein Ziel als Schüler* aussieht, dann bin ich davon überzeugt, dass auch du weißt, dass du ein Abschlusszeugnis brauchst, mit möglichst guten Noten, weil dies der einzige Weg ist zu einem Arbeitsplatz, der dir Spaß macht, – auch wenn es dir manchmal schwer fallen mag, dieses Ziel immer im Auge zu behalten.

Dies bedeutet doch nichts anderes, als dass alle die, die jetzt hier sitzen, das selbe Ziel verfolgen.

Was der beste Weg ist, um dieses Ziel zu erreichen oder ihm möglichst nahe zu kommen, das weiß ich auch nicht, aber ich weiß genau, dass man dieses Ziel umso weniger erreichen wird, je unterschiedlicher die Wege sind, die die einzelnen Beteiligten gehen.

Und genau deswegen sitzen wir hier – nach meinem Verständnis. Wir wollen gemeinsam darüber nachdenken, inwieweit es möglich ist, sich auf einen gemeinsamen Weg zu verständigen, mit dem alle einverstanden sind und – vielleicht auch – wie die ersten Schritte genau aussehen können. Sind Sie (und bist Du) mit dieser Sichtweise einverstanden?“

Mit Hilfe einer solchen „Einladung“, die alle Beteiligten *als Gleichberechtigte und als Partner* anspricht, die eine gemeinsame Verantwortung tragen, weil sie ein gemeinsames Ziel verfolgen und an einer gemeinsamen Lösung arbeiten kann es gelingen, das folgende Gespräch zu öffnen für einen kooperativen Gedankenaustausch (vgl. Palmowski/Freyling, 1997).

Das Geheimnis gelingender Kooperation besteht darin, den anderen gut aussehen zu lassen!

4.1.4 Grenzen von Beratung

Zur Kooperation kann man andererseits niemanden zwingen. Dies führt zu der Frage nach den Grenzen von Beratung.

Prinzipiell sind hier zwei Möglichkeiten denkbar:

1. Die Klienten formulieren eine Erwartungshaltung an Beratung, der der Beratungslehrer nicht entsprechen kann oder will, und die die Klienten nicht bereit sind, aufzugeben.

   Der Beratungslehrer sollte sich – gerade weil seine Rolle noch mit den unterschiedlichsten Erwartungshaltungen konfrontiert wird – möglichst genaue Vorstellungen über Quantität und Qualität seines Angebotes machen. Gemeinsam sollte dieses Angebot angeglichen werden an die Gründe, die zur Anmeldung von Beratungsbedarf geführt haben und an die Vorstellungen der anderen Beteiligten.

   Als einen der schwierigsten und aufreibendsten Faktoren betrachte ich in diesem Zusammenhang das Achten auf den **Umschlagpunkt.** Das Festlegen und Festhalten an diesem Punkt, der – ist er erreicht oder überschritten – aus Sicht eines der Beteiligten (als in diesem Fall völlig hinreichender Variable) kein sinnvolles gemeinsames Sich-Beraten mehr zulässt, auch nicht die Möglichkeit, die aktuelle Situation zu klären.

   Ich gebe zu, dass es desillusionierend ist, wenn der Beratungslehrer unmissverständlich zu verstehen gibt, dass er beispielsweise nicht bereit ist zu „Kampfeinsätzen" oder zur kurzfristigen Entlastung eines Regelschullehrers (und vielleicht auf Kosten des betreffenden Schülers) dessen Problem zu beenden (indem er z.B. der Herausnahme des Schülers aus der Klasse und der Überweisung in eine Sonderschule zustimmt) .

   Mein Vorschlag für eine solche Situation wäre der, dass der Beratungslehrer noch einmal die für ihn unverzichtbaren Rahmenbedingungen nennt, unter denen er sein Angebot unterbreitet hat. Ist die Verständigung auf einen gemeinsamen Plan, eine klare Aufgabenverteilung oder auf Kooperation nicht (mehr) möglich, sollte er die Beratung beenden.

   Ein Nicht-Zustande-Kommen oder ein Abbruch von Kooperation sollte nicht mit der Suche nach Schuldigen (oder ähnlichen Strategien) beendet werden. Sinnvoller erscheint mir hier der „lapidare" Hinweis, dass Angebot und Nachfrage eben nicht zueinander gepasst hätten, oder der Berater erklärt sich mit der vorliegenden Problematik für überfordert. Er ist nicht der Verantwortliche für die (alleinige) Lösung des Problems. Ein neuer Termin für ein weiteres Gespräch (zur Klärung des Rahmens) kann jederzeit vereinbart werden.

2. Die Beratung ist nicht vom Klienten initiiert, sondern angeboten oder gar verordnet – möglicherweise kam der Impuls oder die Terminabsprache auch – vom Beratungslehrer selbst.

„Ein schwerwiegendes Problem der Beratungstätigkeit ist die offen verordnete oder verdeckt manipulierte „Zwangsberatung". Heute finden bekanntlich Beratungen nicht nur auf mehr oder weniger freiwilliger Basis statt, wie es wünschenswert wäre und dem eigentlichen Selbstverständnis von Beratung entspräche, sondern das Sich-Raten-Lassen wird in mehreren Bereichen gefordert und Nichteinhaltung mit Drohungen oder Sanktionen belegt, so beispielsweise auf dem Erziehungs- und Schulsektor..." (Brem-Gräser, 1993, 29)

Aus systemischer Sicht müsste jeder Versuch, der in eine solche Richtung geht, beschrieben werden als ein „instruktives Vorgehen", bei dem der Berater seine „innere Landkarte", die er sich zu einem Problembereich angefertigt hat oder gar offizielle normative Vorgaben als verbindlich deklariert für seine(n) Klienten. Er beansprucht damit für sich durch sein Expertentum einen privilegierten Zugang zur Wirklichkeit. Die Gefahren, die hier lauern, liegen auf der Hand und sind bekannt: Aus gesellschaftspolitischer Sicht wird der Berater in einer solchen Situation leicht zu einem Instrument sozialer Kontrolle. „Beratung ist dann nicht Hilfe, sondern ein Instrument der sozialen und politischen Anpassung von Menschen an staatlich verordnete Zustände von Normalität" (Amendt, 1979, 195).

Zur Kommunikation dieser Art sagt Schulz von Thun: „Jede Botschaft von der Art „Ich weiß besser als du, was mit dir los ist" schadet der Kommunikation und grenzt an Psychoterror" (Schulz von Thun, 1988, 78).

Wenn das Gespräch vom Berater selbst gewünscht wurde, so ist es seine Aufgabe, seine Motive, Bedürfnisse und Wünsche und Ziele für dieses Gespräch offenzulegen. **Er hat das Problem** und erhofft sich vom gemeinsamen Gespräch Veränderungsperspektiven. Dies alles sollte er so klar wie möglich benennen und so einen Rahmen schaffen, in dem auf einer metakommunikativen Ebene die Widersprüchlichkeit der Situation und der jeweiligen

Erwartungshaltungen thematisiert und so eventuell eine Motivation zu Kooperation geschaffen werden kann.

Dieser letzte Gedanke spricht meines Erachtens wieder sehr für ein Angebot an externer Beratung, denn häufig ist es der Klassenlehrer, der merkt (oder schon lange weiß), dass er ein Problem hat und der dann den oder die Schüler oder Eltern einlädt zu einem Gespräch, in dem er dann mit seiner Doppelrolle als „Problemträger" und „Berater" nicht klarkommen kann. In einem solchen Falle würde sich vieles einfacher gestalten, wenn sich der Lehrer als Teil des Problemsystems definieren würde und die Moderation des Gesprächs einem (externen) Kollegen überließe.

4.2 Hilfen für problematische Gesprächsverläufe

Es kann durchaus vorkommen, dass man als Beratungslehrer in oder nach einem Gespräch das Gefühl hat, dass nur an der Oberfläche alles glatt gelaufen ist und dass Fragen auftauchen, wie: „Erreiche ich das, was ich erreichen will?", „Wird mir nur zugestimmt, damit ich endlich aufhöre zu reden oder weil Widerstand ohnehin zwecklos ist?", „Warum kommen wir nicht weiter?", „Drücke ich mich nicht klar genug aus?" etc. ...

Aus systemischer Perspektive weist das Auftauchen solcher und ähnlicher Fragen manchmal darauf hin, dass die Beteiligten eher miteinander konkurrieren als kooperieren. Dies wäre z.B. dann der Fall, wenn der Beratungslehrer andere Ziele verfolgt als der Schüler oder der Regelschullehrer, und er sich dann auch noch wundert, warum er nicht das erreicht, was er erreichen will!

In einer solchen Situation hat offensichtlich keine hinreichende Verständigung über die gemeinsamen Ziele stattgefunden, und bei Auftauchen des oben beschriebenen Unbehagens sollte dies unmittelbar thematisiert und nachgeholt werden.

Ich werde im Folgenden eine Vielzahl typischer Beispiele zusammenstellen, wie ein Gespräch blockiert und eine Lösung erschwert werden kann. Sie alle weisen letztendlich darauf hin, dass sich die Beteiligten in einer hierarchischen Beziehungsstruktur und/oder in einer Auseinandersetzung befinden, in der verschiedene Problemsichten miteinander konkurrieren – oder in der eine oder mehrere Personen glauben, sich schützen zu müssen.

Ich meine, dass das Wissen um solche Manipulationstechniken und Killerphrasen sowie das Erkennen von Double Bind – Situationen wichtige Hilfsmittel sein können zur Vermeidung von Fehlern und zur Entwicklung einer nützlicheren Fragehaltung.

4.2.1 Erkennen von Manipulationstechniken und Killerphrasen

Killer-Phrasen ist der bildhafte Fachausdruck für „Argumentations"-Techniken, die unter Umständen den Argumentierenden auch dann überlegen scheinen lassen, wenn er schlechte oder gar keine Argumente hat. Sie ermöglichen damit eine meist erfolgreiche Verteidigung der eigenen Position gegen Angriffe von außen. Überall dort, wo miteinander gestritten wird – z.B. in politischen Auseinandersetzungen – sind sie allgegenwärtig. Letztendlich sind sie aber zum einen ein deutliches Zeichen dafür, dass demjenigen, der sie benutzt, inhaltlich überzeugende Daten fehlen. Zum anderen sind sie deutlicher Hinweis auf eine Streitsituation, es geht um Sieg oder Niederlage, nicht (mehr) um die Sache, über die gestritten wird.

Die folgenden Begriffe und Definitionen stammen aus dem Buch von Schlüter (1974), die Beispiele stammen von mir.

- **Dilemmatechnik:** Man behauptet Sachzwänge.

  Beispiel: „Wenn wir diesem Vorschlag nicht vorbehaltlos zustimmen, werden wir keine Möglichkeit mehr haben, Einfluss auf die weitere Entwicklung zu nehmen."

- **Ad-personam-Technik:** Anstatt zur Sache zu argumentieren, greift man die Person des Kontrahenten an.

  Beispiel: „Sagen Sie mal, haben Sie überhaupt Abitur?" oder: „Klar, Sie müssen ja zu jedem Vorschlag ihren Senf dazugeben!"

- **Verdrehungstechnik:** Man nimmt Thesen und Vokabeln des Gegners auf, gibt ihnen aber einen abweichenden oder gar entgegengesetzten Sinn.

  Beispiel: „Integration? – Sicher, bin ich auch für, aber wer integriert die Sonderschule?"

- **Übertreibungstechnik:** Man übertreibt die Thesen des Gegners ins Gefährliche oder Absurde.

  Beispiel: „Die Integrationsbefürworter wollen doch nur die Sonderpädagogik abschaffen – und wem ist damit gedient? Niemand!"

- **Unterstellungstechnik:** Man unterstellt dem Gegner Absichten, die er gar nicht hat und zieht aus einer These Schlussfolgerungen, die in der ursprünglichen These überhaupt nicht angelegt waren.

Beispiel: „Die Befürwortung der Integration bedeutet für die Lehrer unterm Strich doch nur, dass sie noch mehr Freizeit haben, darum geht es doch.“

- **Ausweichtechnik:** Man geht auf die Argumente des Gegners gar nicht ein, sondern weicht auf ein anderes Problem aus.

  Beispiel: „Integration sei machbar, wird immer wieder behauptet. Aber sehen wir doch die Dinge einmal, wie sie sind. Tatsache ist doch, dass der moderne Mensch...“

- **Verwirrungstechnik:** Durch komplizierte Unterscheidungen und Problemvermischungen sucht man die gegnerische Position zu vernebeln.

  Beispiel: „Es wird behauptet, Integration sei machbar. Erstens, was heißt ‚machbar‘, wer macht was und mit welchem Ziel? Zweitens, was heißt Integration eigentlich? Geht es um Integration in oder für oder mit...“

- **Beschwichtigungstechnik:** Man erkennt die gegnerischen Argumente zwar an, wertet sie dann aber ab.

  Beispiel: „Selbstverständlich ist Integration sinnvoll und wünschenswert. Aber ich frage Sie, wer ist nicht integriert? Und warum muss es gerade immer die Schule sein, die ...“

Eine zweite Auflistung prägnanter Killerphrasen findet sich in Neuberger (1982):

- So geht das nicht, das ist ja unmöglich.
- Hat sich Ihr Vorschlag schon mal irgendwo bewährt?
- Das sehen Sie völlig falsch.
- Dafür sind wir doch gar nicht zuständig.
- Sie werden zugeben, dass...
- In Wirklichkeit ist es doch so, dass...
- Es ist doch allgemein bekannt...
- Wir haben jetzt doch keine Zeit für lange Palaver.
- Das ist doch (juristisch, technisch, psychologisch, medizinisch...) gar nicht machbar!

- Das gehört nicht hierher. Das geht uns nichts an.
- Kommen wir doch endlich zur Sache.
- Das sind doch Hirngespinste!
- Wissenschaftliche (oder empirische) Untersuchungen haben demgegenüber gezeigt, dass...
- Bei uns geht das nicht!
- Blödsinn, Geschwätz, Bla Bla, lächerlich, unmöglich, Quatsch, Mist, Gequassel...
- Das ist schon längst überholt!
- Davon haben Sie keine Ahnung!
- Das nimmt Ihnen doch keiner ab!
- Das lässt sich nicht durchsetzen!
- Das ist viel zu teuer!
- Meinen Sie das im Ernst?
- Dazu haben wir (jetzt) keine Zeit!
- Dafür gibt es Experten.
- Wenn Sie richtig zugehört hätten...
- Haben wir alles schon versucht!
- Wenn die Idee was taugte, wäre doch längst jemand darauf gekommen.
- Welcher Traumtänzer hat denn das gesagt?
- Dafür sollten wir einen Ausschuss einsetzen.
- Wir sollten da erst noch die Entwicklung abwarten!
- Das ist gegen die Vorschriften!
- Die werden denken, wir sind nicht ganz dicht!
- Es ist mir unverständlich, dass Sie als (Frau/Eltern/Ehemann/Lehrer)...
- Als... müssen Sie...
- Auch Sie werden nicht darum herumkommen...
- Durch Ihre Worte geben Sie zu erkennen, dass Sie ein ... sind.

- Wie doch jeder weiß...
- Sie können sich doch nicht der Logik verschließen und deshalb...
- Die jetzige Situation erfordert...
- Als fähiger Lehrer müssen Sie...
- Nur ... können in einer derartigen Situation...
- Dazu fehlt Ihnen die Erfahrung.
- Bekanntlich ist es so, dass ...

Alle diese Statements haben eine geradezu abwürgende Wirkung, mancher der Leser wird dies beim Durchlesen der Listen vielleicht sogar körperlich gespürt haben.

Der versteckte grundlegende Mechanismus vieler dieser Aussagen ist der, dass ein Sachverhalt als statisch und unveränderbar behauptet wird. Damit wird erstens eine eigene Machtposition aufgebaut, und zweitens gibt es durch die angebliche Unveränderbarkeit keine Veranlassung zu weiterer Diskussion.

Eine systemische Antwort darauf ist der Versuch, Veränderung dadurch zu bewirken, dass statische Aussagen „verflüssigt" werden, indem sie so umformuliert werden, dass wieder Dynamik und Entwicklung möglich wird. Mehr darüber in P. 5.1.

Ein zweiter Wirkfaktor solcher Killerphrasen ist der, dass der Gesprächspartner in eine unauflösliche Schwierigkeit gebracht wird:

- Bleibt er sachlich, beim Thema und lässt sich nicht irritieren, dann wird er sich den Vorwurf einhandeln, nicht auf das eingegangen zu sein, was der Vorredner gesagt hat: „Sie haben mir nicht zugehört..."
- Geht er auf das Vorgetragene ein, verlässt er das eigentliche Thema (ein Ziel des Gegners) und gerät zudem in eine Verteidigungsposition, die ihn zwingt, sich mit Behauptungen auseinanderzusetzen, die nur vom Thema wegführen.
- Er könnte metakommunikativ die Verwendung von Killerphrasen durch den Anderen aufdecken und thematisieren – auch dann wäre allerdings das Thema gewechselt.

Wie auch immer er reagieren wird, es wäre verkehrt. Somit sind letztendlich alle diese Aussagen – und das mag die Wiedergabe dieser langen Auflistung auch rechtfertigen – prägnante Beispiele für Double-Bind-Situationen.

4.2.2 Double-Bind

Zum besseren Verständnis von Double-Bind-Kommunikation ist es sinnvoll, sich noch einmal klarzumachen, dass Kommunikation auf verschiedenen Ebenen abläuft und dass so mehrere Aussagen gleichzeitig möglich sind (Watzlawick, 1969; Schulz von Thun, 1981).

> Beispiel: Ein Lehrer, der einen Schüler mit Worten lobt, wird dies z.B. unterstreichen mit einer Mimik, die seine Freude über die gute Leistung des Schülers signalisiert, ebenso mit einem bestimmten Tonfall seiner Stimme und einer Geste. Vielleicht enthält das Lob auch einen Appell an die anderen Schüler: „Tut es ihm nach!“, oder es wird von ihnen so verstanden.

Entscheidend für unsere Belange ist zunächst nur, dass alle diese Einzelbotschaften in ihrer Gesamtaussage kongruent sind, sie sagen alle auf ihre Weise das Gleiche und erhöhen so die Wahrscheinlichkeit, das der Empfänger die Botschaft auch so versteht, wie der Sender sie gemeint hat.

> Double-Bind-Situationen oder Kommunikationen dagegen
> – enthalten gleichzeitig zwei Aussagen an den Empfänger, wobei die Botschaften widersprüchlich sind bzw. sich gegenseitig ausschließen
> – und somit eine „richtige“ Reaktion des Empfängers unmöglich machen.

Ein Beispiel für diesen letztgenannten Effekt enthält der „Witz von den zwei Hemden“: Eine Frau schenkt ihrem Mann zwei Hemden. Der Mann zieht das eine Hemd an. Die Frau sagt: „Ach, das andere gefällt Dir nicht?!“

Der Empfänger einer Double-Bind-Botschaft kann in doppelter Weise verunsichert werden:

- Zum einen kann er an seiner Wahrnehmung zweifeln, er sieht den Fehler nicht beim Sender, sondern in seiner Entschlüsselung der Botschaft, die Quelle des Missverständnisses liegt bei ihm.
- Zum anderen hat er keine Möglichkeit, sich richtig zu verhalten. Hätte er sich im obigen Witz für das andere Hemd entschieden,

hätte das nichts geändert. Diese Ausweglosigkeit erzeugt ein Gefühl der eigenen Hilflosigkeit. Deutlich wird auch *die Machtposition* für die Frau im obigen Witz, die sie für sich erzeugt durch dieses Situationsarrangement.

Ich will im Folgenden untersuchen, welche Funktion diese Art inkongruenter Kommunikation

- im Alltag haben kann,
- wann und wie sie Problemverhalten hervorruft, und
- welche Bedeutung ihr in der Beratungssituation zukommen kann.

Double-Binds in der alltäglichen Kommunikation

Double-Bind-Situationen sind Bestandteil ganz vieler und ganz alltäglicher Kommunikationsmuster und Elemente von Beziehungen. Wer könnte sich nicht an eine Situation erinnern, in der es dem Partner oder einem Kollegen offensichtlich nicht gut geht und man auf die Frage „Was ist los mit Dir?“ – mit versteinerter Mine und abgewandtem Blick „Nichts!“ erwidert bekommt? Schon ist der Fragensteller in der Zwickmühle: Reagiert er nicht weiter, steht der andere mit seinem Problem allein da. Dies zu wissen kann für einen oder beide zur Quelle weiteren Unbehagens werden. Fragt er aber nach, so läuft er Gefahr, sich eine weitere, noch barschere Abfuhr einzuholen. Als Ergebnis einer solchen Situation bleibt oft dieses diffuse Gefühl von Unbehagen zurück, das man sich gar nicht so recht erklären kann.

„Viele scheinbare Probleme sind der Versuch, beiden Seiten gleichzeitig (...) gerecht zu werden“ (Schweitzer, 1993, 19).

Auch hier wird wieder deutlich, in welche Machtposition sich derjenige bringt, der die Situation konstruiert hat, wie hilflos der Partner sich fühlen muss und wie gefährlich eine solche Kommunikationsform werden kann, wenn sie in einer Beziehung zu einem festen Muster mit einer festen Rollenverteilung wird.

Im Alltag werden Double-Bind-Kommunikationen (unbewusst) häufig in solchen Situationen angewandt, in denen – wegen bestehender Hierarchien oder Normen – bestimmte Bedürfnisse in offener Form nicht artikuliert werden können. So können diese verdeckt doch mitgeteilt werden, wobei man selber noch den Vorteil hat, gegebenenfalls unangreifbar zu sein: „So habe ich das nicht gemeint!“

Die Bedeutung und die Alltäglichkeit des Double-Bind-Phänomens soll an einer Reihe von Beispielen verdeutlicht werden:

> **Beispiel:** Eine Gruppe russischer Kinder ist in deutschen Familien zu Gast. Die mitgereiste Dolmetscherin erzählt den Eltern: „Am liebsten würden die Kinder alle einen Kassettenrekorder mit nach Hause nehmen, das wünschen sie sich am allermeisten... – Aber so ein teures Geschenk, das kann man von Ihnen natürlich nicht verlangen, dass Sie so viel Geld ausgeben..."

Die Dolmetscherin konnte ihr Anliegen vortragen, ohne unhöflich erscheinen zu müssen, die einzigartige Chance der Kinder, in den Besitz eines Kassettenrecorders zu kommen, blieb gewahrt, der Druck lastet nun auf den Gastgebereltern, die sich nur noch falsch verhalten können: entweder sie geben so viel Geld zusätzlich aus, oder sie enttäuschen die Kinder.

> **Beispiel:** Für Kinder sind die Tage vor ihrem Geburtstag und vor Weihnachten voll widersprüchlicher Botschaften. Auf der einen Seite dreht sich alles um das Fest und die Geschenke, auf der anderen Seite dürfen die Geheimnisse auf gar keinen Fall vorher gelüftet werden und man selber ist außen vor. Dieser Gordische Knoten, erfüllt zu sein von der Vorerwartung und gleichzeitig nichts erfahren und sagen zu dürfen, hat schon zu so mancher unliebsamen Entladung auf dem Fest selber geführt. Von einem Kind wurde er einmal dadurch gelöst, dass es von draußen in die Küche gelaufen kam und zu den Eltern sagte: „Ihr dürft mir auf gar keinen Fall verraten, was ich morgen alles geschenkt bekomme!" Dieser Satz ermöglichte es ihm, darüber zu reden, was es die ganze Zeit beschäftigte und gleichzeitig die Geheimnisse zu wahren.

Alltägliche Double-Binds finden sich aber auch in Sätzen und Bemerkungen wie:

> „Ich bin ein Lügner!"
>
> „Sei selbständig!"
>
> „Sei spontan!"

Ratschlag eines Beraters: „Glauben Sie nicht so sehr den Ratschlägen der Experten!"

Auch die beiden Vorbemerkungen am Anfang des Buches sind Double-Bind-Konstruktionen.

Neben dieser durchaus auch positiv zu wertenden Funktion – eine Person kann ihre Wünsche „verdeckt" (verdeckt durch die gegenteilige Beteuerung) artikulieren – wird diese Kommunikationsstrategie jedoch häufiger dazu benutzt, sich in einer Situation auf Kosten der anderen Vorteile zu verschaffen, die Beispiele der Liste des vorhergehenden Punktes bieten reichlich Anschauungsmaterial. Weitere Beispiele:

Beispiel: Eine Person kann sehr verletzt werden durch eine abwertende Bemerkung über sie, die aber in bewusst humorvollem Ton vorgetragen wird und/oder in der die Abwertung durch positive Attribute abgefedert wird:

- „Ach, da kommt ja unser Kleiner" (zu einem erwachsenen Mitbewohner, der knapp 1,60 m groß ist und der darunter leidet.)
- „Gut, dass wir den Dicken haben!"

Die Empfänger sind vielleicht mit voller Absicht verletzt worden, haben jedoch wenig Chancen sich entsprechend zu wehren. Der Sender hat jederzeit die Möglichkeit sich auf seinen Humor, etc. zurückzuziehen.

Beispiel: Sequenz aus einem Streitgespräch:

A.: „Ich fühle mich hier ganz schön hintenan. Ich habe überhaupt keine Chance, meine Vorstellungen auch mal miteinzubringen!

B.: „Meinst Du nicht auch, dass Du manchmal ein bisschen unter Verfolgungswahn leidest?"

A.: „Nein, so nicht, ich versuche hier deutlich zu machen, wie das gerade bei mir angekommen ist und werde dafür auch noch psychiatrisiert!"

B.: „Nun leg mal nicht gleich jedes Wort auf die Goldwaage."

B. lässt in dieser Situation zwei Möglichkeiten für A. Entweder dieser legt jedes Wort auf die Goldwaage (und erweist sich damit als kleinlich) oder er tut es nicht und akzeptiert damit, dass er „ein bisschen unter Verfolgungswahn leidet".

Beispiel: Nach einer Reihe von bereits gelaufenen, aber erfolglosen Konfliktgesprächen zwischen A und B sagt A: „Ich schlage vor, wir starten eine neue Gesprächsrunde, ganz von vorne, zusammen mit einem professionellen Berater. Ich will Dir auch sagen, warum: Dir hat bisher jede Ernsthaftigkeit gefehlt in dieser Auseinandersetzung, und außerdem hast Du bisher die zentralen Punkte überhaupt nicht an Dich 'rangelassen und da würde ich Dich gerne mit Hilfe eines Beraters dazu zwingen."

A schlägt weitere Gespräche zur Klärung des Problems vor und zeigt damit, dass er kooperativ und „jederzeit ansprechbar" ist, gleichzeitig zerstört er die Grundlage für eine faire Auseinandersetzung. Lässt sich B auf den Vorschlag ein, dann hat A ihn gezwungen, tut er es nicht, ist er derjenige, der sich verweigert.

Beispiel: In unserer Kultur kann die Lebenssituation heranwachsender Mädchen als ein besonders deutliches Beispiel von Double-Bind begriffen und erfahren werden: Einerseits sollen sie „sittsam und brav" sein, andererseits „attraktiv und begehrenswert".

Ich hoffe, dem Leser ist der Mechanismus der Double-Bind-Kommunikation durch die vielen Beispiele deutlicher geworden. Klarer geworden ist sicher auch, wie häufig wir an jedem Tag mit dieser Kommunikationsform konfrontiert werden (und sie vielleicht auch selber anwenden).

Ich halte es für ein lohnendes und nützliches Unterfangen, sich darin zu üben, Double-Binds – eingebettet in die jeweilige Situation – zu erkennen. Wege dorthin führen nach meiner Erfahrung über die rationale (meist anschließende) Analyse einer Situation und/oder – weniger wissenschaftlich – über das Achten auf Gefühle von plötzlichem Unbehagen, für das man „eigentlich" gar keine Erklärung weiß. Oft genug weisen sie den Weg zu einer inkongruenten Kommunikation.

Double-Bind und Problemverhalten

Der Mechanismus des Double-Bind wurde in der Kommunikation von als schizophren diagnostizierten Menschen mit ihren Angehörigen entdeckt und für diesen Kontext zuerst beschrieben (Bateson, 1969). Er wurde zu einem der Auslöser der Entwicklung eines neuen Verständnisses von Verhalten und Problemverhalten, so wie es auch in diesem Buch beschrieben ist.

Wenn sich diese Kommunikationsform in einer Beziehung zu einem festen Muster etabliert, dann führt dies auf die Dauer bei der Person, die sich bei einer widersprüchlichen Datenbasis dauernd entscheiden muss und dabei doch nur falsch verhalten kann, aufgrund der permanenten Verunsicherung und Unterlegenheit zu Störungen, die von der Psychiatrie als „Schizophrenie“ beschrieben werden.

Die für solche Kommunikationsmuster zusätzlich geltenden Metaregeln sind an anderer Stelle schon genannt worden (P. 3.2.1). Ich werde sie hier kurz wiederholen und dann den in ihnen steckenden Machtfaktor untersuchen.

1. Es ist verboten, die Kommunikationsregeln selbst zu thematisieren!

2. Es ist verboten, aus dem Felde zu gehen.

Die Einhaltung dieser Regeln sichern demjenigen, der die Double-Bind-Kommunikation einbringt, die Kontrolle über die Situation (Macht-Position). Ein Nicht-Befolgen einer der beiden Regeln würde die Macht an die Nicht-Befolger delegieren. Die Situation erinnert an den Zen-Schüler (vgl. P. 3.2.1), der sich auch nur Prügel einhandeln kann, solange er den vorgegebenen Rahmen des Meisters akzeptiert. In dem Moment, in dem der Unterlegene zu verstehen gibt, dass er nicht willens ist, die vorgegebene Situation zu akzeptieren, entreißt er dem anderen seine Macht und definiert nun eine Situation, die beschrieben werden könnte als: „Entweder wir verhandeln die Spielregeln neu, oder ich spiele nicht mehr mit!“ In diesem Moment wäre der vorher Unterlegene in der mächtigeren Position.

So wird verständlich, warum der Initiator des Double-Binds eisern darauf achten wird, dass die Metaregeln eingehalten werden. Die dazu nötigen massiven Einschüchterungen und Sanktionsdrohungen stellen ein weiteres „pathologisierendes“ Element dieses Kommunikationsmusters dar.

Eine therapeutische Strategie, solche Muster aufzulösen, Spielregeln solcher Art unwirksam zu machen, besteht darin, dass Therapeuten sich Einsicht in die Kommunikationsmuster einer Familie verschaffen, und dass diese dann von einer Metaebene (und damit Machtposition) von den Therapeuten aufgedeckt oder ad absurdum geführt werden (Beispiele für dieses Vorgehen finden sich in: Selvini-Palazzoli, 1977).

Diese Strategie ist jedoch unter anderem auch deshalb fragwürdig, weil sie verlangt, dass der Therapeut die Machtposition im System besetzt und nun seinerseits manipulativ eingreifen kann (Redlich, 1992). Dies wirft zum einen ethische Fragen auf, es lässt sich aber auch mit der Erkenntnis der „Unmöglichkeit instruktiver Interaktion“ nicht vereinbaren.

Eine zweite Vorgehensweise wäre die, gemeinsam mit dem „Problemsystem“ so viele neue Informationen zu schaffen, die so viel an Veränderung bewirken, dass die alten Regeln nicht länger aufrechterhalten werden können oder brauchen.

Bedeutung für die Beratungssituation

Häufig kann **die Beratungssituation selbst als Double-Bind-Situation** verstanden werden. Dann nämlich, wenn der Klient Bedürfnisse äußert oder Verhaltensweisen zeigt, die nicht kompatibel sind.

- Auf der einen Seite will er natürlich, dass ihm geholfen wird und dass sein Leidensdruck verschwindet. Er ist zur Mitarbeit bereit und spricht – vielleicht zum ersten Mal in seinem Leben – über sehr persönliche und ihm wichtige Erfahrungen.
- Andererseits blockiert und verwirft er alle Lösungsentwürfe, die der Berater ihm anbietet. Und er tut dies, obwohl er genau das vom Berater erwartet: die Lösung seines Problems.
- „Wasch mich, aber mach mich nicht nass!“

  „Wasch uns und mach nur die anderen nass!“

  „Wasch nur den und die und mach sie richtig nass!“ (vgl. Horn-Wagner, 1992, 96)

Häufig fühlt sich der Berater in oder nach einem Gespräch hilflos und frustriert und weiß gar nicht, was das jetzt alles sollte.

Die verdeckte Funktion einer solchen Gesprächssequenz könnte dann die sein, dass der Klient sich unbewusst schützt. Er darf nicht zulassen, dass es zu einer allzu schnellen und einfachen Lösung seines Problems durch den Berater kommt. Denn das könnte ihn entweder als Simulanten oder als Dummkopf erscheinen lassen, der nicht in der Lage war, seinen Leidensdruck zu verringern, obwohl die Lösung doch so offensichtlich und nahe war. Mitbedingt wird dies durch die Überzeugung des Klienten, dass dem Schwierigkeitsgrad seines Problems entsprechende Schwierigkeiten bei der Suche und Entwicklung einer Lösung überwunden werden müssen.

Schwierigkeiten dieser und ähnlicher Art lassen sich vermeiden, wenn sich der Berater darauf beschränkt, mit **angemessen ungewöhnlichen Fragen** neue Informationen für die Klienten zu schaffen, mit ihnen gemeinsam neue Sichtweisen des alten Problems zu entwickeln und **keine eigenen Ziele** in die Situation mit einzubringen. Daraus ergibt sich, dass der Berater sich darauf beschränken kann, Fragen zu stellen und auf Deutungen, Interpretationen, Vermutungen, Bewertungen, Zuordnungen etc. von seiner Seite ganz zu verzichten.

Für die Lösung des Problems ist es nicht notwendig, dass der Klient sich mit der „inneren Landkarte“, die der Berater sich von dem zu verhandelnden Thema angefertigt hat, auseinandersetzen muss.

4.3 Hilfen für problematische Lösungsstrategien

Viele Probleme bleiben ungelöst und werden chronisch, weil die Strategien, die zu ihrer Lösung führen sollen, ungeeignet sind. Ich habe an anderer Stelle (P. 2.3) schon auf den systemischen Gedanken verwiesen, dass ein Lösungsversuch, der ein Problem nicht löst, selber einen Teil des Problems darstellt.

Die beiden häufigsten unbrauchbaren Lösungsmuster sind die der **Auseinandersetzung nach dem Ja-Aber-Prinzip** und/oder die Verstärkung der Bemühungen nach der **Strategie des Mehr-Desselben.**

4.3.1 Ja – Aber – Auseinandersetzungen

Bei den Überlegungen Weaklands (1988, 29f), was der Berater vermeiden sollte, findet sich der Hinweis auf die „Ja-Aber-Kommunikation“. Diese Form des Gesprächs besagt nichts weiter, als dass zwei oder mehr Parteien sich in einer Auseinandersetzung befinden um die Frage, wer die besseren Argumente und damit am Ende recht hat.

- In einer freundlichen Interpretation könnte man die Floskel „Ja, aber ...“ verstehen als

  Ja = ich habe Dir zugehört und Dich verstanden,

  Aber = ich bin anderer Meinung als Du und diese werde ich jetzt gegen Deine setzen.

- Häufiger dient „Ja, aber“ als hochwirksamer Unterbrecher:

– einmal wegen seiner Kürze: ein „Ja, aber“ ist schnell dazwischengeworfen, wenn der andere gerade mal Luft holen muss, und das

„aber“ kann so allein nicht stehen bleiben, sondern bedarf der dann folgenden Begründung;

- zum anderen enthält diese Floskel eine partielle „Double-Bind“ Botschaft (ja und aber sind inkongruent!), die den Gesprächspartner oder hier vielleicht richtiger: -gegner für einen Moment verunsichern mag.
- Möglicherweise existiert aber auch schon so etwas wie eine aus der Erfahrung entwickelte „normative Übereinkunft“, die etwa lauten könnte: „Wenn Du mich unterbrechen willst, so kündige dies bitte mit „Ja, aber“ an.“

Der Leser sollte sich einmal vornehmen, in Gesprächen im Kollegium, in Interviews im Radio oder wo auch immer auf den Einsatz von „Ja, aber“ zu achten. Er wird wahrscheinlich erstaunt sein, wie häufig, manchmal durchgängig dieses Wortpaar in Diskussionen zu hören ist.

Die Funktionalität der „Ja, aber“ – Sequenz wird damit nicht bestritten oder in Frage gestellt, sie kann als nützlicher Bestandteil von Auseinandersetzungen in Situationen begriffen werden, die durch Konkurrenz definiert sind. Das Ergebnis solcher Gespräche sind allerdings seltener die Beeinflussung oder Veränderung der Überzeugung des jeweils anderen als die Profilierung der eigenen Positionen.

Besonders in pädagogischen Situationen zeichnen sich solche Auseinandersetzungen inhaltlich aus durch die Verwendung von **Appellen an die Einsicht** oder durch die **Androhung von Sanktionen.**

Beide Vorgehensweisen gehören nach wie vor zu den am häufigsten benutzten Werkzeugen im erzieherischen Kontext. Die Nützlichkeit beider Strategien ist jedoch höchst fraglich.

- Zum Appell an die Einsicht macht Carl Rogers deutlich, dass Problemverhalten nicht durch fehlendes Wissen oder durch fehlende Einsicht in die Zusammenhänge hervorgerufen wird: „Der Junge, der stiehlt, weiß, dass es falsch und unratsam ist, zu stehlen. Eltern, die schimpfen und nörgeln und ihr Kind zurückweisen, wissen, dass dieses Verhalten bei anderen Eltern schlecht ist. Der Student, der die Vorlesung schwänzt, ist sich intellektuell der Gründe bewusst, die gegen dieses Verhalten sprechen“ (Rogers, 1972, 37).

- Zur Androhung und Durchsetzung von Sanktionen hat vor allem die Lerntheorie und die an ihr orientierte Verhaltensmodifikation deutlich herausgearbeitet, dass die Bestrafung kein geeignetes erzieherisches Vorgehen darstellt. Adameit (1978) z.B. nennt in seinem Buch 16 Nachteile dieses Verfahrens, als vielleicht wichtigsten: „Das Problemverhalten wird nur solange gehemmt, wie der Strafreiz anhält, es wird aber nicht gelöscht." (s.o., 229)

Aus der Perspektive systemischer Beratung könnte ein solcher Prozess der Auseinandersetzung vielleicht beschrieben werden als die Etablierung des Problemkontextes, der Veränderungen eher verhindert als anbahnt. Gemeint ist damit nichts anderes, als dass die alten Lösungsversuche (die einen Teil des Problems darstellen) noch einmal reaktiviert werden. Veränderung wird dadurch eher unwahrscheinlich.

Aufgabe eines Beraters sollte es demgegenüber sein, im Gespräch einen Rahmen zu schaffen, in dem Veränderung ermöglicht wird. Dies wird erreicht, wenn altbekannte Spielregeln nicht greifen können, sondern wenn durch gemeinsames Sich-Beraten neue Informationen geschaffen werden, die das Problemsystem verändern.

Konkret auf Beratungsgespräche bezogen könnte dies folgendes bedeuten:

• *Keine „Ja, aber"-Kommunikation*

Der Berater selbst sollte auf „Ja, aber"-Kommunikation stringent verzichten und ihr Auftauchen als Warnhinweis auf den Beginn einer (unproduktiven) Auseinandersetzung begreifen, in der er dabei ist zu versuchen, seine innere Landkarte gegen die der Klienten zu stellen, anstatt diese besser verstehen zu wollen (vgl. Weakland, 1988, 29f). „Ja, aber" kann verstanden werden als Zeichen dafür, dass gegenwärtig keine Kooperation mehr stattfindet.

• *Mit den Klienten nacheinander reden, nicht gleichzeitig*

Der Berater sollte die „Ja, Aber"- Kommunikationsform auch zwischen den Klienten nach Möglichkeit nicht zulassen, da diese so wahrscheinlich sehr bald ihre Kommunikationsmuster und das heißt auch ihren Problemkontext reinstallieren würden, ohne zu neuen Informationen zu gelangen. Die beteiligten Klienten würden sich gegenseitig ein weiteres Mal das vortragen, was sie auch vorher schon alles gewusst haben. Er könnte dies strategisch u.a. dadurch erreichen, dass er immer nur mit einem der Klienten spricht, **wäh-**

rend die anderen zuhören. Durch die Funktion des Beraters als Kommunikationsfokus, über den (möglichst) sämtliche Interaktionen laufen, wird die Etablierung eines Veränderungskontextes für alle Beteiligten erleichtert. (Denkbar wäre natürlich auch eine Situation, in der der Berater erfahren will, wie die Beteiligten miteinander umgehen. In diesem Falle ginge es aber nicht um die Erzeugung von Veränderung bei den Klienten, sondern um Material für die innere Landkarte des Beraters.) Ein weiterer Vorteil für den Berater wäre der, dass er nicht so leicht in den Problemkontext miteinbezogen würde und so die Übersicht verlieren könnte.

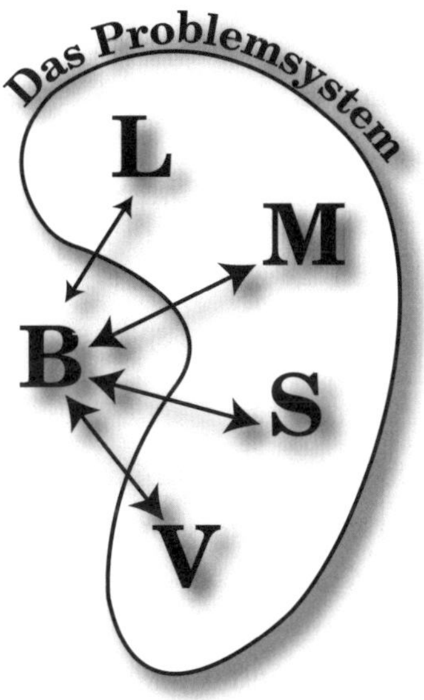

B	=	**Berater**
L	=	**Lehrer**
M	=	**Mutter**
S	=	**Schüler**
V	=	**Vater**

Bitte reden Sie nur mit mir

• *Auf Widerstände achten*

Aus kommunikationstheoretischer Sicht (z.B. Thomann, 1988, 73ff) wird das Problem von Widerständen auf seiten der Klienten aufgegriffen. Es wird darauf hingewiesen, dass es für das Beratungsergebnis nützlicher ist, sich mit dem Widerstand des Klienten zu verbünden, etwa in dem Sinne „Niemand muss hier etwas preisgeben, was er nicht erzählen will“.

Eine solche Reaktion des Klienten signalisiert zumindest in dem Moment, dass er die Situation nicht als kooperativ oder partnerschaftlich erlebt, dass er sich schützen muss und Sicherheit braucht.

Vielleicht hat der Berater Fragen gestellt, die der Klient als unangemessen ungewöhnlich erlebt.

Solche Widerstände haben Vorrang (Thomann, 1988, 45), sie zeigen, dass das Gespräch im Moment nicht im Sinne des Klienten verläuft, dass die Beteiligten unterschiedliche Ziele verfolgen oder dass die Ziele des Klienten nicht hinreichend geklärt worden sind.

Je mehr es den Beteiligten gelingt, sich auf gemeinsame Ziele zu verständigen, oder der Berater den Klienten bei der Verfolgung seiner Ziele unterstützt (ohne eigene Zielvorstellungen im Hinterkopf zu haben), desto weniger wird es zu Widerständen kommen.

Eine Möglichkeit wäre es demnach, zunächst zurückzukehren zum Rahmen, in dem das Gespräch stattfinden soll, und alle Fragen diesbezüglicher Art zu klären, bevor auf inhaltliche Aspekte weiter eingegangen wird.

Eine Möglichkeit des Beraters, in einer solchen Gesprächssituation zu reagieren, könnte sein, seine Beobachtung unmittelbar zu thematisieren. Er könnte z.B. fragen:

- Habe ich gerade eine schlechte (oder unpassende) Frage gestellt?
- Was ist Dein / Euer Interesse an diesem Gespräch?
- Enthält dieses Gespräch Themen, über die Du / Ihr nicht reden wollt?
- Welche Themen sind hier verhandelbar, welche nicht?
- Wie würdet Ihr dieses Gespräch gerne nutzen ? etc.
- Was müsste geschehen, dass Du Dich hier wohler fühlst?

4.3.2 Die Strategie des „Mehr Desselben"

In seinem Buch „Anleitung zum Unglücklichsein" (1983) beschreibt Paul Watzlawick u.a. eine Problemlösestrategie, die er „mehr desselben" nennt und auf die ich kurz eingehen will, weil ihr besondere Bedeutung zukommt: „Hinter diesen beiden einfachen Worten, mehr desselben, verbirgt sich eines der erfolgreichsten und wirkungsvollsten Katastrophenrezepte, das sich auf unserem Planeten im Laufe der Jahrmillionen herausgebildet und zum Aussterben ganzer Gattungen geführt hat." (s.o., 27f)

Gemeint ist hier nichts anderes, als dass an einer bestimmten Lösungsstrategie für eine bestimmtes Problem auch über lange Zeiträume selbst dann festgehalten wird, wenn sich diese Strategie als nicht wirksam erwiesen hat. Die einzige Variable, die sich ändert, ist die Menge, die eingesetzt wird.

Der Lehrer, der auf unliebsames Schülerverhalten mit Druck reagiert, wird, wenn die Schüler mehr des unerwünschten Verhaltens zeigen, mit mehr desselben, also mit mehr Druck reagieren. Dieser Regelkreis oder diese Spirale könnte nun ins Endlose fortgedacht werden, ohne dass eine der beiden beteiligten Parteien auf die Idee käme, eine andere Lösungsmöglichkeit für das Problem ins Auge zu fassen. Sie bleiben bei ihren „bewährten" Reaktionsmustern, obwohl offensichtlich ist, dass sie zur Lösung des Problems nicht taugen.

Der in dieser Überlegung gewählte Inhalt des Lehrerverhaltens (Druck) ist dabei beliebig und könnte, ohne dass das Muster sich ändert, durch Kontrolle, Wut, Nachgiebigkeit ... oder Hilfe geben ersetzt werden. „Man darf nicht aufhören zu helfen, selbst wenn es nichts nützt" (Schweitzer/Reuter, 1991, 175). Das gleiche gilt sinngemäß für das Schülerverhalten.

Aus dieser Perspektive erscheint nachvollziehbar und nützlich, was O'Connor bei chronischem Schulversagen bei Jugendlichen dem Berater oder Schulpsychologen als letzten Ausweg empfiehlt und realisiert: Er gibt seine bisherigen erfolglosen Bemühungen auf und thematisiert mit dem Jugendlichen und dessen Eltern die Folgen eines Schulabgangs: „Vielleicht sollten Sie sich überlegen, ob Tommy nicht besser die Schule verlässt und was das bedeuten würde." (O'Connor, 1990, 311).

Die impliziten Spielregeln, die das Verhalten des „mehr desselben" aufrechterhalten, beschreibt Watzlawick folgendermaßen: „Erstens, es gibt nur eine mögliche, erlaubte, vernünftige, sinnvolle, logische Lösung des Problems, und wenn diese Anstrengungen noch nicht zum Erfolg geführt haben, so beweist das nur, dass er sich noch nicht genügend angestrengt hat. Zweitens, die Annahme, dass es nur diese einzige Lösung gibt, darf selbst nie Frage gestellt werden" (29f). Dem aufmerksamen Leser wird nicht entgehen, dass die zweite dieser beiden Annahmen inhaltlich identisch ist mit der Kommunikationsregel für Double-Bind-Muster: Es ist verboten, die Kommunikationsregeln selbst zu thematisieren (vgl. P. 4.2.2).

Die Konsequenz aus der Erkenntnis der Fragwürdigkeit der Strategie des „Mehr Desselben“ kann also nur lauten:

Wenn ich
Verhalten verändern will und
Spielregeln in einem System verändern will und
einen Problemkontext verändern will,
dann muss ich etwas anders machen,
als ich es bisher gemacht habe!

4.4 Didaktische Gesprächshilfen

Vor allem, wenn der Beratungslehrer – was im schulischen Kontext die Regel sein dürfte – alleine arbeitet, sind die Anforderungen, die während eines Gespräches an ihn gestellt werden, vielfältig und komplex.

- Er muss sehr genau beobachten, konzentriert zuhören und Fragen formulieren, die neu sind für die Klienten und so neue Informationen schaffen.
- Häufig wird er erleben, dass die Klienten im Gespräch an ihrer starren und absolut formulierten Sichtweise festhalten: „Ich sage Ihnen doch, dieser Junge ist nicht normal!“
- Der Kommunikationsprozess wird ergiebiger sein, wenn alle Beteiligten eine Sprache sprechen, die von allen benutzt und verstanden wird. Gelegentlich wird dies vom Berater ein Umdenken oder Sich – Einlassen auf für ihn ungewohnte Denkmuster oder Vergleiche bedeuten.
- Die Informationsflut oder die Menge der Probleme können verwirren oder zu einem kaum strukturierbaren Gespräch führen. Die Visualisierung des einen oder anderen zentralen Gedankens kann als zusätzliche Stütze zur Effektivität des Gespräches beitragen.

Deshalb sollen im folgenden Gliederungspunkt zwei Hilfsmittel vorgestellt werden, von denen ich meine, dass sie dem Berater in einem Gespräch wirksame Werkzeuge sein können, die Entlastung und

Orientierung bieten: Das Werte- und Entwicklungsquadrat und das Verwenden von Metaphern. Es gibt weitere Techniken, etwa die Arbeit mit dem Genogramm (Roedel, 1990), auf deren Darstellung ich hier aber verzichte, weil sie für den Beratungsprozess zwischen Lehrern und Schülern von geringerem Interesse ist, oder die Arbeit mit Visualisierungstechniken (z.B. Klebert, 1985), die Lehrern vertraut sein dürften.

4.4.1 Das Werte- und Entwicklungsquadrat

Ich will zunächst beschreiben,

- was sich dahinter versteckt, was es ist,
- dann, wie es funktioniert und
- abschließend, wie man es in mehrfacher Hinsicht sinnvoll einsetzen kann.

(Die Anregung zu diesem Hilfsmittel erhielt ich von dem Buch „Miteinander Reden 2“ von F. Schulz von Thun, in dem sich auch eine große Anzahl von hilfreichen Werte- und Entwicklungsquadraten befindet, Schulz von Thun, 1989.)

Das Werte- und Entwicklungsquadrat besteht aus einer Zusammenstellung von vier Eigenschaftszuschreibungen, die zueinander in einer bestimmten Beziehung stehen. An einem Beispiel soll sein Aufbau entwickelt und dargestellt werden.

Nehmen wir an, eine Frau bezeichnet in einem Gespräch ihren Mann als **geizig.**

Ob diese Person nun als sparsam oder geizig „charakterisiert“ wird, liegt weniger an ihrem tatsächlichen „objektiven“ Verhalten, sondern mehr an den Wertmaßstäben des jeweiligen Beurteilers, in diesem Falle der Frau. Es handelt sich somit kaum um eine personenbezogene Aussage über den Mann, eine andere, dritte Person würde dasselbe Verhalten des Mannes vielleicht als Sparsamkeit bezeichnen. Möglich sind zur Beschreibung eines Verhaltens demnach die Begriffe:

geizig
sparsam

Daraus ergibt sich:

- Jede Zuschreibung einer Eigenschaft an eine Person enthält immer eine positive oder negative Wertung.

– Zu jedem Begriff lässt sich ein zweiter finden, der dasselbe Verhalten beschreibt, dieses aber anders bewertet und es in sein „Wertgegenteil“ umformuliert.

  Beispiele:

verklemmt	naiv	ängstlich
bescheiden	vertrauend	vorsichtig

Schon diese drei Beispielpaare zeigen, dass es nicht die Zuordnungen und Quadrate gibt, sondern dass diese jeweils dem Verständnis des Beobachters entsprechend entwickelt bzw. gemeinsam verhandelt werden müssen.

Das Wertequadrat ergibt sich schließlich aus der Hinzufügung der jeweiligen positiv und negativ wertenden Gegenteile.

Das negative Gegenteil von geizig wäre:

geizig ➢ verschwenderisch

Das positive Gegenteil von sparsam wäre:

sparsam ➢ freigebig

Auch hier liegt es wieder am Beobachter bzw. Bewerter, ob er ein bestimmtes Verhalten als verschwenderisch oder als freigebig bezeichnet.

Beispiele:

geizig	*verschwenderisch*
sparsam	*freigebig*

aufsässig *renitent* *gibt Widerworte*	*angepaßt bis zur* *Selbstaufgabe*
selbstbewußt *durchsetzungsfähig* *schweigsam*	*bescheiden* *genügsam*

Anmerkungen:

- Die Arbeit mit dem Werte- und Entwicklungsquadrat, das Zusammenstellen entsprechender Eigenschaftspaare macht deutlich, wie relativ solche Zuschreibungen sind.
- Und es macht deutlich, dass mit der Verleihung eines Etiketts „geizig“ oder „dumm“ oder „faul“ oder wie auch immer, nicht objektive Wirklichkeit beschrieben wird, sondern **die Sichtweise und die Bewertungsmaßstäbe des jeweiligen Beobachters** deutlich werden.
- Darüber hinaus lässt sich jede Verbindungslinie als eine Art Skala vorstellen, auf der sich konkretes Verhalten zuordnen ließe. Kaum ein Verhalten lässt sich als absolut und auf dem Endpunkt der Skala lokalisiert beschreiben. Polarisierendes Denken wird relativiert, indem neue Informationen und Unterschiede herausgearbeitet werden. Statische Ist-Zuschreibungen („Helmut ist hyperaktiv!“) werden „verflüssigt“ (vgl. P. 5.1).

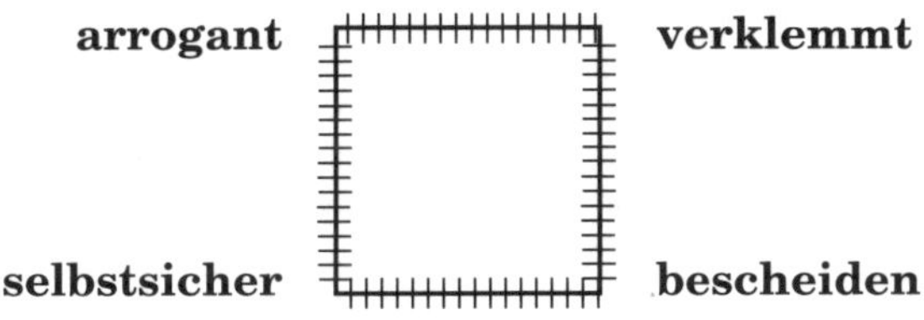

Mögliche Fragestellungen in einem solchen Kontext könnten sein:

- In welchen Situationen haben Sie Ihren Mann (den die Frau arrogant genannt hat) schon einmal als bescheiden erlebt?
- In welchen Situationen erweist sich seine Selbstsicherheit als vorteilhaft?
- Woran würden Sie erkennen, wenn sich das Verhalten um einen Schritt zum positiven hin verändert hätte?.... Woran noch?

Aus einer solchen Gesprächssituation lassen sich häufig „Hausaufgaben“ bzw. Beobachtungshinweise ableiten im Sinne von: **Achten Sie auf Ausnahmen** (vgl. P. 5.3).

Zum Entwicklungsquadrat wird das Konstrukt dadurch, dass man die wünschenswerte Entwicklungslinie als Diagonale einzeichnet. Auch sie kann als Skala verwendet werden und somit wertvolle

Dienste leisten z.B. bei der Formulierung oder Absprache von anzustrebenden Minimalzielen. Diese sollten so konkret formuliert sein, dass Änderungen im Verhalten auch erkannt werden können.

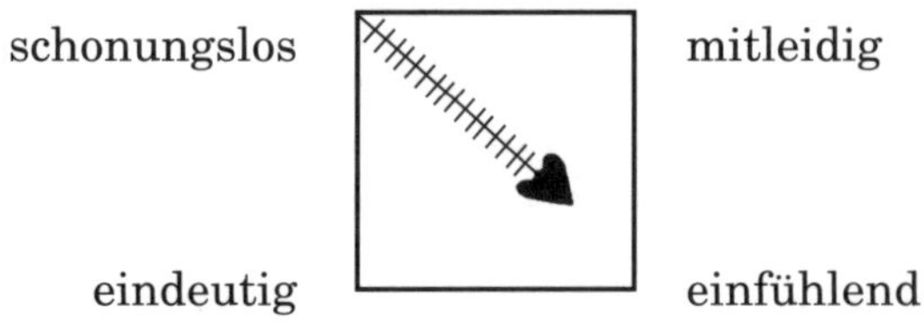

Einsatzmöglichkeiten:

- Einsatz in einem Beratungsgespräch:

  1. Schritt: In einer Beratungssituation wird zu einem Problemverhalten gemeinsam ein Quadrat entwickelt.
  2. Schritt: Der Klient/Schüler schätzt sich auf seiner Skala selber ein und beschreibt das diesem Punkt zuzuordnende eigene konkrete Verhalten nach seiner subjektiven Einschätzung.
  3. Schritt: Der Klient/Schüler bezeichnet einen positiven Veränderungsschritt, den zu erreichen er sich prognostisch zutraut und beschreibt das diesem Punkt zuzuordnende eigene neue Verhalten.
  4. Schritt: Gemeinsame Abklärung möglicher Konsequenzen der Veränderung – didaktische Hilfen, Verstärkung, Rückfallvorhersage.

- Lehrer **und** Schüler tragen ihre Vorstellungen ein – gemeinsam werden die unterschiedlichen Sichtweisen erörtert – und damit neue Informationen geschaffen.

- Es ist auch eine nützliche Hilfe zur Relativierung von festen Überzeugungen oder Vorurteilen über andere. Eine nicht ganz einfache Übung ist die, zu einer Person (oder zu mehreren), die man höchst unsympathisch findet, Werte- und Entwicklungsquadrate zu erstellen und Skalenzuordnungen vorzunehmen zu fünf Negativ-Eigenschaften, die man dieser Person zuschreibt. Spätestens hier wird deutlich werden, wie statisch wir häufig denken und mit welch starker emotionaler Komponente solche Überzeugungen verknüpft sind. Mit Schwierigkeiten und Widerständen muss gerechnet werden!

- Das Werte- und Entwicklungsquadrat bietet eine gute Grundlage zur Überprüfung eigener Einschätzungen und Wahrnehmungen. Es kann Ausgangspunkt sein für Beobachtungsaufgaben für Beratungslehrer, Klassenlehrer und Schüler. Selektive Wahrnehmungsmechanismen werden verändert und durch das Achten auf Ausnahmen möglicherweise umgedreht.
- Es ist ein hilfreiches Konstrukt, wenn man eine Zuschreibung „positiv umformulieren" will und zwar – je nach Übung, Erfahrung und Vorhaben – vor, während und nach einem Beratungsgespräch.

4.4.2 Die Verwendung von Metaphern

Die beiden Radfahrer

Der erste sagt: Du, Dein Schutzblech klappert!

Der zweite: Was hast Du gesagt?

Der erste wieder: Dein Schutzblech klappert!

Der zweite: Ich kann Dich nicht verstehen, mein Schutzblech klappert!

Das ist ein Witz, oder soll einer sein, und die Frage, die sich anschließt, ist die nach der Metapher. Wie wird aus einem Witz oder einer Geschichte oder einem Bild eine Metapher?

Unsere Sprache ist ungeheuer reich an Möglichkeiten, etwas zu einem Thema zu sagen, indem man eine Aussage formuliert aus einem ganz anderen thematischen Bereich, die man für übertragbar hält. Kulturell verankert und am deutlichsten ist das bei den Sprichwörtern:

- Der Tropfen, der das Fass zum Überlaufen bringt
- Die Karten auf den Tisch legen
- Der Stein des Anstoßes – der Anstoß des Steines
- Wenn Du etwas über Wasser wissen willst, frage keinen Fisch
- etc.

Alle diese Bilder oder Geschichten stehen als prägnante, komprimierte und allgemein verständliche Aussagen für einen ganz anderen Zusammenhang.

Gordon sagt dazu: „Die Ursprünge dieser „Geschichten“ finden sich u.a. in Epen, Romanen, Poesie, Märchen, Fabeln, Parabeln, Liedern, Filmen, Witzen und Klatsch. Wenn solche „ursprünglichen“ Geschichten mit der Absicht benutzt werden, den Zuhörer zu belehren und zu unterweisen, oder wenn der Hörer von selbst an eine Geschichte mit dieser Absicht herangeht, dann wird das Gehörte für ihn zu einer „Metapher“ (Gordon, 1987, 16). Kopp, den Gordon zitiert, definiert den Ausdruck „Metapher“ folgendermaßen: „Eine Metapher ist im allgemeinen dadurch bestimmt, dass sie eine Sache in den Begriffen einer anderen ausdrückt, wobei diese Verknüpfung ein neues Licht auf die beschriebene Sache wirft.“ (Kopp in Gordon, 1987, 17).

Wenn wir nun auf den obigen Witz zurückkommen, dann könnte er als Metapher für etwa folgende Aussage **angewandt und/oder verstanden** werden:

In manchen Situationen erscheint es unmöglich, jemanden auf ein Problem hinzuweisen oder darauf aufmerksam zu machen, weil gerade dieses Problem diesen hindert, sich auf den Hinweis einzulassen.

Eine Person etwa, die Probleme mit dem Alkohol hat, wird auf Hinweise von Dritten, die in diese Richtung gehen, mit Negierung oder Abwertung reagieren. Sie kann nichts verstehen, weil ihr Schutzblech klappert!

Die **Vorteile der Verwendung von Metaphern** liegen auf der Hand, und in vielen Gesprächssituationen erweist es sich als sinnvoll, einen Gedankengang oder eine Idee in Form eines solchen Bildes, Beispiels, Gleichnisses oder einer kleinen Geschichte vorzustellen.

- Der Klient bzw. sein Problem wird nicht unmittelbar angesprochen, die Gefahr, zu brüskieren und Widerstände oder Ängste hervorzurufen, wird verringert. Eine Metapher kann – nach außen hin – eher ignoriert und unbeantwortet bleiben als eine direkte Konfrontation. Für manche Situationen (sicher nicht für alle) mag dieses Verhalten sinnvoller erscheinen.
- Die Metapher ist offener und lässt dem Klienten mehr Möglichkeiten, sie auf seine innere Landkarte zu beziehen. Er kann andere Akzente setzen oder ihr gar eine andere Bedeutung verleihen, die seinen Vorstellungen entspricht. Daraus kann sich, durch den Austausch der jeweiligen Sichtweisen, ein besseres gegenseitiges Problemverständnis ergeben.

Dieter Wellershoff liefert in seinem Roman „Einladung an alle“ ein markantes Beispiel (1972, Vorspann):

Psychologe: Was bedeutet das Sprichwort: „Unrecht Gut gedeihet nicht?“

Bruno F.: Wenn man einen Menschen zu Unrecht verurteilt.

– Die Metapher ist prägnanter, einprägsamer und (besonders auch für Kinder, vgl. Mills, 1986) verständlicher, als eine abstraktere oder generellere Formulierung. Der Satz: „Alle Räder stehen still, wenn dein starker Arm es will!“ beispielsweise dürfte für die Entwicklung der Arbeiterbewegung und die Organisation und Durchführung von Streikaktionen mehr Bedeutung gehabt haben, als viele lange theoretische Analysen und Begründungen. Watzlawick nennt ein Beispiel, in dem eine mehrschichtige und schwierige Konstellation in wenigen Worten ausgedrückt ist: „Das asiatische Sprichwort „Wer den Tiger reitet, kann nicht absteigen“ suggeriert mit seinen ersten vier Worten ein Bild völliger Unterwerfung bestialischer Wildheit, die nächsten drei führen es ad absurdum, indem sie die praktische Unmöglichkeit und vor allem das prekäre Ausgeliefertsein dieser heroischen Lösung schlagartig vergegenwärtigen. Freilich haben nur wenige Menschen das Talent, solche feingeschliffenen Gleichnisse und Bonmots in der Hitze des Gefechts von sich zu geben, doch schließt dies nicht aus, dass man als Therapeut sich doch im Gebrauch solcher Sprachformen üben kann“ (Watzlawick, 1991, 58).

Wegen der genannten Vorteile finden sich Metaphern in den verschiedensten kommunikativen Zusammenhängen (Retzer, 1993). Deshalb werden sie auch von vielen Beratern und Therapeuten in ihren Gesprächen eingesetzt. Überhaupt hat die Bedeutung der „Narration“, des Erzählens (und anders oder neu Erzählens) von Geschichten in der letzten Zeit viel Beachtung in der Fachliteratur gefunden (vgl. etwa: Anderson, 1999; Grossmann, 2000; Freeman, J., (2000); Roderburg, 1998; Schildberg, 2001; White/Epstein, 1998). Mir scheint sehr sinnvoll, sich sozusagen einen kleinen Vorrat an prägnanten Metaphern anzulegen, auf den dann im passenden Kontext zurückgegriffen werden kann. Anstelle einer langen Liste, die ich nicht für sinnvoll halte (da im entsprechenden Sinnzusammenhang fast alles als Metapher verwandt werden kann!), nur einige Beispiele:

– Dorrmann begründet in der Arbeit mit suizidgefährdeten Klienten die Befürwortung der stationären Unterbringung mit: „Man kann ein Schiff auch nicht im Sturm auf dem Meer reparieren, man muss dies im geschützten Hafen tun" (1991, 122).

- Efran u.a. zum Prozess der gegenseitigen Anpassung: „Wenn du einen Schuh über längere Zeit trägst, passt er sich immer mehr deinem Fuß an und umgekehrt" (1992, 185f) und „Wenn der Schuh passt, vergisst man den Fuß" (Merton in Efran, 1992, 190).
- Eine Metapher lässt sich manchmal auch in systemische Fragen umformulieren:

  Mit wem sitze ich in einem Boot?

  In welchem Reisebüro und von wem wurde diese Reise gebucht?

  Wieviele Kapitäne wollen das Schiff steuern?

  Welcher Schiffbruch war bisher der schlimmste? Welcher der angenehmste? Was passiert bei einem neuerlichen Schiffbruch?

  Wer oder was bestimmt, wann in See gestochen wird und wie lang die Reise sein soll?

  Welcher Geist der Zusammenarbeit herrscht an Bord? Wie kann ein Gegeneinanderrudern vermieden werden? (vgl. Thimm, 1992, 21)

  „Niemand ist allein verrückt, oder wer sitzt mit wem im Boot" (Osterhold, 1992, 41).
- Zum Erwerb neuer Verhaltensweisen gehört notwendigerweise das Üben. Um zu einem guten Tennis- oder Schach- oder Geigenspieler (oder Berater) zu werden, reicht es nicht aus, nur die entsprechende Lektüre zu lesen.

  Zwei Kinder unterhalten sich

  Das eine sagt:" Mein großer Bruder ist ein komischer Vogel, kauft sich 'ne Gitarre und setzt sich zu Hause hin und will spielen!"

  „Ja, und?"

  „Na, ja, er konnte überhaupt nicht spielen!... Dann ist er in ein Konzert gegangen, um zu sehen, wie die das machen, aber als er nach Hause kam und es ausprobierte, ging es immer noch nicht!"

  „Ja, und jetzt?"

  „Er will jetzt versuchen, beim nächsten Konzert ganz nah an die Bühne heranzukommen!"

– Problemlösestrategie: „Wie können wir das abgestandene Badewasser ablaufen lassen, ohne das Kind mit dem Bade auszuschütten?“

– Kleine Veränderungen ziehen große Veränderungen nach sich, ein komplexes Problem braucht nicht unbedingt auch eine komplexe Lösung (vgl. auch die Metapher vom Schloss und Schlüssel, P. 3.2.1), manchmal reicht ein winziger Anstoß. Die folgende Geschichte fand ich (ohne Quellenangabe) auf einem Flugblatt:

  „Sag mir, was wiegt eine Schneeflocke?“ fragt die Tannenmeise die Wildtaube. „Nicht mehr als ein Nichts“ gab sie zur Antwort. „Dann muss ich dir eine wunderbare Geschichte erzählen“, sagte die Meise.

  „Ich saß auf dem Ast einer Fichte, dicht am Stamm, als es zu schneien anfing; nicht etwa im Sturmgebraus, nein, wie im Traum, lautlos und ohne Schwere. Da nichts besseres zu tun war, zählte ich die Schneeflocken, die auf die Zweige und die Nadeln des Astes fielen und darauf hängenblieben.

  Genau 3 741 952 waren es. Als die 3741953ste Flocke niederfiel – nicht viel mehr als ein Nichts – brach der Ast ab.“

  Damit flog die Meise davon.

– Weiteres zur „Werkzeugmetapher“: Jeder Berater hat sich bei einem oder mehreren Anbietern verschiedene Werkzeuge für seine Arbeit besorgt und ihre Einsatzmöglichkeiten erprobt. Vielleicht experimentiert er auch selbst und hat eigene Werkzeuge entwickelt oder erworbene in untypischen Situationen angewandt. In diesem Sinne könnte dieses Buch auch als „Werkzeugkatalog“ beschrieben werden.

5. Nützliche Fragen und Perspektiven für Beratungsgespräche

Haben Sie schon einmal ein Schwein erschlagen? Oder lassen Sie das machen?

Wie oft etwa sind Sie schon fremdgegangen?

Waren Sie schon einmal glücklich?

Hab'n Sie Angst vor Hunden oder Menschen oder etwa Kugelblitzen?

Macht es Ihnen etwas aus, im Warteraum des Hautarztes zu sitzen?

Trauen Sie noch mehr Ihrem eigenen Herzen?

Oder trauen Sie Experten?

Lassen Sie beim Küssen die Augen offen? Oder ist Ihnen das peinlich?

Glauben Sie, dass Ihre Eltern immerzu so bleiben, wie sie sind?

Möchten Sie sich selbst verändern? Nähmen Sie dann Rücksicht auf Ihr Kind?

Denken Sie oft, Sie würden was verpassen?

Kriegen Sie noch rote Ohren?

Können Sie denn „Ich liebe dich!" noch sagen?

Finden Sie das abgedroschen?

Würden Sie mich als Gymnastiklehrer Ihrer Tochter akzeptier'n?

Würden Sie sich vorher über meinen Lebenswandel informieren?

Worauf könnten Sie jetzt sofort verzichten?

Was ist Ihnen vielleicht heilig?

Würden Sie gern mit Ihrem Enkel tauschen?

Wie heißt Ihre kleine Hoffnung?

Würden Sie gern Ihren Lebenslauf an ein paar Stellen korrigier'n?

Konnte ich mit einer Frage irgendeinen wunden Punkt berühr'n?

(Fragen aus dem Text des Liedes „Fragen" von Gerhard Schöne)

In diesem Kapitel geht es um die für den Berater wichtigste Gruppe von Werkzeugen: die Fragen.

Durch das Stellen von Fragen werden neue Informationen erzeugt. In vielen, wenn nicht den meisten Fällen, zunächst für den Berater selbst. Ärzte, Psychologen, Lehrer befragen ihre Patienten, Klienten, Schüler, um sich selbst mit möglichst hinreichend Informationen über ein bestimmtes Problem zu versorgen (und anschließend – auf der Grundlage dieser Datenbasis – Lösungen oder zumindest Lösungsvorschläge zu formulieren).

Wichtiger für Veränderung erscheint nach systemischem Verständnis **das Schaffen von neuen Informationen für die Klienten,** denn neue Informationen bedeuten Veränderungen! Eine Möglichkeit hierzu kann das Konzept des angemessen ungewöhnlichen Fragens zur Erzeugung von Unterschieden sein, auf das ich im Theorieteil schon hingewiesen habe.

Beispiele für das Anbieten von Unterscheidungen:

- „Wäre dies Ihre *ideale* Lösung oder nur die bestmögliche unter den gegebenen Bedingungen (die *optimale* Lösung)?
- „Wo würden Sie diesen Konflikt denn ansiedeln, mehr auf der Sachebene oder eher auf der Beziehungsebene?“
- „Bezieht sich dies eher auf das Kollegium als Arbeitsteam (oder formelle Gruppe) oder auf die informellen Beziehungen innerhalb dieser Gruppe?“
- „Worüber ärgern Sie sich mehr, die Unverschämtheiten des Kollegen oder Ihre Unfähigkeit, diese zur Sprache zu bringen?“

Bevor nun in den folgenden Gliederungspunkten spezielle, systemisch relevante Frageaspekte und -techniken erörtert werden, möchte ich noch auf einige eher grundsätzliche Aspekte hinweisen:

1. Zwei Wege zur Veränderung von Verhalten

- Die beiden am häufigsten genutzten Wege zur Veränderung von Verhalten sind:

– Veränderung der realen Gegebenheiten

– Veränderung der Bedeutung, die einem bestimmten Sachverhalt beigemessen wird

Ich kann beispielsweise Einfluss auf das Verhalten eines Schülers nehmen, indem ich ihm einen separaten Platz gebe, oder ihn häufiger lobe, die Sozialformen im Unterricht variabler gestalte, usw...

oder indem ich ihm alternative Sichtweisen anbiete, wie er Provokationen (oder das, was er dafür hält) oder angstauslösende Reize oder.... anders bewerten kann.

Am Beispiel des Stotterns (oder Errötens...) etwa ließen sich, etwas überspitzt formuliert, den beiden Strategien entsprechend die folgenden beiden Interventionsziele formulieren:

1. Das Kind stottert nicht mehr.

2. Das Kind stottert zwar noch, aber es macht ihm nichts mehr aus.

Diese letzte Formulierung ist durchaus nicht zynisch gemeint, ganz im Gegenteil ist ein fast durchgängig zu beobachtender Effekt nämlich genau der, dass das Stottern nachlässt oder ganz verschwindet, wenn man ihm nicht mehr die Bedeutung beimisst wie vorher.

Beide Veränderungskategorien finden sich auch in den Fragen systemischer Beratungsgespräche wieder. In der einen werden Bedeutungen, Begriffe und Zuschreibungen geklärt, in der anderen konkrete Abläufe und Verhaltensweisen:

„Therapeut: Weshalb sind Sie zur Therapie gekommen?

Klient: Ich leide unter Depressionen.

Therapeut: Was meinen Sie mit Depressionen?

Klient: Ich bin manchmal ganz fertig." (Keeney, 1987, 17)

„Therapeut: Was tun Sie als erstes, wenn Sie erkennen, dass Sie depressiv werden?

Klient: Wenn ich bei der Arbeit bin, sage ich, dass es mir nicht gut geht und dass ich nach Hause gehe.

Therapeut: Was passiert, wenn Sie nach Hause kommen?

Klient: Ich lege mich ins Bett.

Therapeut: Versucht jemand, Ihnen zu helfen?" (Keeney, 1987, 17)

2. Zur Bedeutung der Frage nach den Ursachen

- Der zweite Hinweis bezieht sich auf das vielen von uns so vertraute Fragen nach möglichen Ursachen durch Warum-Fragen.

Aus systemischer Sicht lässt sich eine derartige, eindeutige, linear-kausale Ursache – Symptom – Denkfigur nicht aufrechterhalten, da alles mit allem verschachtelt ist und weil Prozesse nicht linear, sondern in Regelkreisen gesehen werden, in denen alles sowohl Auslöser als auch Konsequenz ist.

Aber selbst, wenn man von Verursachungselementen ausgeht, gibt es eine ganze Reihe von Gründen, auf die Suche nach ihnen zu verzichten:

- „Besondere Schwierigkeiten ergeben sich vor allem aus drei Tatsachen:

  1. handelt es sich meist nicht nur um eine Ursache, sondern um mehrere Ursachen;
  2. bleiben uns einige Ursachen meist verborgen, und
  3. lassen sich zahlreiche Ursachen zumindest nicht kurzfristig beheben." (Becker, 1978, 26)

- Die Verknüpfung zwischen einer Ursache und einem Ergebnis enthält immer ein spekulatives Element!

- Selbst wenn ich die Ursache zu kennen glaube, habe ich damit noch keine Strategie zur Lösung des Problems. Wenn ich weiß, wie etwas entstanden ist, hilft mir das nicht unbedingt bei seiner Beseitigung oder zu seiner Veränderung.

  „Wir alle wurden dazu erzogen, wiederholt „warum?" zu fragen. ...Es (ist) jedoch manchmal besser, uns zu zügeln und stattdessen „was?" zu fragen. Aus „Warum weinst du?" wird so etwas wie: „Welcher Gedanke half dir zu weinen?"

  „Warum hast du Angst, nach Hause zu gehen?" wird übersetzt in: „Was passiert, wenn du nach Hause kommst?".

  Statt „Warum bist du so überstürzt aufgebrochen?" fragen wir: „Was hast du gedacht, als du weggingst?".

  „Warum wirst du so wütend?" wird zu „Was würdest du gern mit ihm machen?"

  Anstelle. „Warum können dein Vater und du nicht besser miteinander auskommen?" tritt die Frage: „Was würdest du deinem Vater gern sagen?" oder vielleicht „Was müsstest du tun, um diese Phase deiner Beziehung zu ihm zu beenden?". (Efran, 1992, 141)

3. Die Frage als effizientes Werkzeug

- Fragen können ein sehr machtvolles Instrument sein! Der eine oder andere Leser wird dies beim Lesen der Fragen am Anfang dieses Kapitels vielleicht gespürt haben. Elias Canetti sagt: „Alles Fragen ist ein Eindringen. Wo es als Mittel der Macht geübt wird, schneidet es wie ein Messer in den Leib des Gefragten. Es ist bekannt, was man da finden kann" (Canetti, 1978, 329). Gegen die Gefahr des Machtmissbrauchs hilft vielleicht die folgende Beschreibung systemisch orientierter Lehrer: „Sie haben begriffen, warum sie zwei Ohren und nur eine Zunge haben: damit sie zweimal mehr zuhören und einmal weniger sprechen" (Brajsa, 1993, 28).

- Es sei auch darauf hingewiesen, dass im systemischen Gespräch **die Frage wichtiger ist als die Antwort.** Da es uns nicht möglich ist, einen Gedanken absichtlich zu vergessen, können wir sicher sein, dass eine angemessen ungewöhnliche Frage auch dann neue Informationen für den Klienten schafft, wenn er sie im Gespräch selbst nicht beantwortet oder „Ich weiß es nicht!" sagt.

  Therapeut: „Bitte stellen Sie sich eine Skala von 1-10 vor und sagen Sie mir bitte folgendes: Wie weit, glauben Sie, wissen Sie über die sexuellen Phantasien Ihres Partners Bescheid?"

  Wenn es gelingt, durch präzises Fragen einen Klienten zu einer *ganz genauen* Formulierung seines Problems zu bringen, genügt dies manchmal, um es aus der Welt zu schaffen!

5.1 Das Verflüssigen von Eigenschaften

Bei der Vorstellung des Werte- und Entwicklungsquadrates habe ich schon darauf hingewiesen, dass Veränderung von Sichtweisen und Verhalten unter anderem dadurch erreicht werden kann, dass statische und anscheinend unverrückbare Überzeugungen und Zuschreibungen umformuliert werden in relative Aussagen. **Feste, polarisierende Positionen werden verflüssigt.**

Beispiel:

Die Frau sagt: Mein Mann war schon immer furchtbar geizig!

Berater: Wieviel Prozent Geiz würden Sie ihm denn geben?

Frau: Mindestens 98!

Berater: Woran erkennen Sie denn die restlichen zwei Prozent?

Die **Zuschreibung von festen Eigenschaften** („Monika kann sich überhaupt nicht konzentrieren!“) hat viele negative Auswirkungen:

- Sie ist Teil eines Regelkreises, der sich selbst erhält und bestätigt: Eine bestimmte Annahme führt zu einer selektiven Wahrnehmung, die im Sinne einer self-fullfilling-prophecy wirkt. Man hatte Recht gehabt, die Annahme braucht nicht mehr hinterfragt zu werden.
- Sie produziert eine statische Sichtweise, Veränderung ist nicht impliziert und wird auch nicht erwartet. Der „Ausstieg“ aus solchen Zuschreibungen ist dem Betroffenen sehr erschwert, manchmal unmöglich.

„So schrieb eine Lehrerin einem Mädchen ihrer Klasse ins Heft: „Hans, Du hast die Wörter schon wieder nicht unterstrichen!“ ....Ich hörte einmal einen Lehrer sagen: „Klaus, halt endlich mal den Mund dahinten!“ Gleich darauf fügte er überrascht hinzu: „Ach, der ist heute gar nicht da“. (Grell, 1974, 28)

- Die Absolutheit der Aussage, sie wird nicht in Relation gesetzt. Es gibt nur ein entweder – oder, schwarz oder weiß.
- Das Problem liegt in der Person angesiedelt. Situative Bedingungen und Beziehungen haben nur auslösende und eventuell verstärkende Funktion. Oft erleben die Betroffenen eine Eigenschaft (Ängste, Wut, Eifersucht, Unordentlichkeit...), die andere ihnen oder sie selbst sich zuschreiben, als eine Kraft, der sie sich hilflos ausgesetzt fühlen, auf die sie keinen Einfluss haben. Also hat es auch kaum Sinn, Anstrengungen zur Veränderung zu unternehmen.

Durch **„Verflüssigen“** bekommt eine Zuschreibung relativierende und dynamische Komponenten. Sie erscheint veränderbar und man kann selbst Einfluss auf sie nehmen. Die folgenden Möglichkeiten des Verflüssigens zeigen, in welche Richtungen die Fragen führen können. Nehmen wir als Ausgangspunkt die oben genannte statische Aussage:

„Monika kann sich überhaupt nicht konzentrieren!“

- **Die zeitliche Perspektive**

  War das schon immer so?

  Wie lange glaubst Du, wird es noch so bleiben?

Wie ist Deine Prognose?

Gilt das für alle Stunden?

Welche Unterschiede gibt zwischen der ersten und der letzten Stunde / ... montags und dienstags?

Monika, wann glaubst du, kannst du besser aufpassen im Unterricht, in der ersten oder in der zweiten Stunde?

Unterschied in der Frageformulierung: „Seit wann bist Du so unkonzentriert?“ versus: „Seit wann glaubst Du, so unkonzentriert zu sein?“

- **Die räumliche Perspektive**

  Ist das auch zu Hause so?

  Wie war das auf der Klassenfahrt?

  Ist das überall so?

  Wieso ist es in der Pause anders?

  Gilt das für alle Fächer?

  Wie war es auf der anderen Schule?

- **Die Beziehungsperspektive**

  Sind in der Klasse noch mehr Kinder, die nicht ...?

  Wenn Monika nicht da wäre, wer wäre dann ...? Wer dann ...? (Reihenfolge erstellen)

  Wie verhält sich Monika bei den anderen Kollegen?

  Mit wem kommt Monika am besten zurecht?

  Wer kommt mit Monika am besten zurecht? Was ist da anders?

- **Die skalierende Perspektive**

  Wenn Du Monikas Fähigkeit auf einer Skala von 1-100 (oder 1-10) eintragen solltest, wo würdest Du sie zur Zeit ansiedeln?

  Wenn sie sich um einen Punkt verbessern würde, woran genau würdest Du das erkennen? Woran noch?

  Was müsste passieren, damit sie um einen Punkt klettern kann?... etc. (Etliche Beispiele aus Therapiegesprächen finden sich in Berg/ De Shazer, 1993)

Die Bildung von Skalen kann viele Vorteile mit sich bringen:

- Auch Kinder verstehen dieses Instrumentarium.
- Die Quantifizierung lässt Unterschiede deutlich werden und erleichtert das Einführen von Unterscheidungen: „Was wäre dann anders?“.
- „Mit Skalierungsfragen kann man sehr viele Dinge erfassen, die oft für zu abstrakt gehalten werden, als dass man sie konkretisieren könnte“ (Berg, 1992, 95).

• **Die Wunder-Perspektive**

Wenn das Problem nicht mehr da wäre, was wäre dann anders? ... Was noch? Woran genau würdest Du das erkennen?

Woran glaubst du, könnte Monika das erkennen?

Nehmen wir an, es würde besser, was würde dann schlechter?

• **Die positive Perspektive**

Was kann sie gut?

Wo ist sie besser geworden?

Was wünscht Du Dir, solle sich bei Monika nicht ändern?

5.2 Zirkuläres Fragen

Von einer Gruppe von Familientherapeuten in Mailand wurde in den Jahren 1975 – 1980 eine Fragetechnik entwickelt (Selvini-Palazzoli, 1981; Cecchin, 1988; Boscolo, 1988), die zu einem der bekanntesten Bausteine systemischer Interviews wurde: das Zirkuläre Fragen (vgl. Palmowski/Thöne, 1995).

Dieser Begriff und die durch ihn bezeichnete Fragetechnik scheinen mit zum bekanntesten, schillerndsten und faszinierendsten, aber auch zum wichtigsten zu gehören, das in der Entwicklung systemischer Strategien erfunden und zur Anwendung gekommen ist. Stierlin bezeichnete beispielsweise 1988 die Methode des zirkulären Fragens als „wichtigste Innovation“ des Mailänder Teams. Er schrieb: „Als ich vor einigen Jahren auf einem Fragebogen die bedeutendsten psychiatrischen Errungenschaften der letzten 20 Jahre auflisten sollte, plazierte ich diese zirkuläre Fragemethode an erster Stelle“ (Stierlin in Boscolo, 1988, 7). Und Klaus Deissler bezeichnete 1986 das zirkuläre Fragen als „**die** systemische Explorationsmethode“ und als **„das Herzstück der systemischen Therapie“ (Deissler, 1986, 4).**

Mit Hilfe dieser Frageform können Probleme aus einer linear-kausalen Sichtweise übertragen und eingebettet werden in den Kontext, in dem sie entstanden und in dem sie aufrechterhalten werden. Diese Art von Fragen scheint besonders gut geeignet zu sein, bei allen Beteiligten eines Gespräches neue Informationen zu erzeugen.

Wie auch für andere systemische Begriffe gibt es keine eindeutige Definition der zirkulären Frage (Rothermehl, 1990, 333), sondern eher Beschreibungen ihrer Funktion und ihrer Wirkung. Zirkuläre Fragen lösen Veränderungen aus, da sie neue Informationen schaffen (Deissler, 1986).

Was ist nun das Besondere, das „zirkuläre“ an diesen Fragen?

Ein Beispiel soll uns dies verdeutlichen helfen:

Wir stellen uns eine Situation vor, in der einer der Klienten seine Sicht des Problems geschildert hat. Anschließend fragt der Therapeut einen zweiten Teilnehmer:

„Wie sehen Sie das Problem?

oder:

„Inwieweit können Sie dem zustimmen, was Ihr ... gesagt hat?“

Stellt der Berater die erstgenannte Frage, ist er möglicherweise der einzige, der neue Informationen erhält. Seinen Angehörigen und dem Redner ist seine Sicht des Problems aus vielen Gesprächen heraus wahrscheinlich sehr vertraut. Das heißt, dass diese Sequenz für die Klienten auch keine Veränderungsimpulse enthält, weil keine neuen Informationen in das System einfließen.

Bei der zweiten Frage macht derjenige, der sie beantwortet, zwei Aussagen: Zum einen geht er auf seine Sicht der Dinge ein. Zum anderen macht er eine Aussage über den Grad der Übereinstimmung zwischen ihm und seinem Vorredner, so wie er sie sieht. Dies kann in aller Regel als eine neue Information für alle Beteiligten (vielleicht sogar für den Redner selbst) gesehen werden.

„Also fragt man: „Was hast Du gesehen?“, Was hast Du erlebt?“, Was hast Du wahrgenommen?“ usw., nicht: „Was ist los?“, „Wie passiert es?“ (Andersen, 1990, 66)

In vielen Beratungsgesprächen wird entweder linear nach Daten, Sachverhalten, Begebenheiten etc. gefragt (Wie hoch war das Fieber? Wie oft ist das Bett morgens nass? etc.) oder es wird – ebenfalls linear – metakommunikativ die Beziehungsebene der Beteiligten thematisiert (Wie haben Sie das gemeint? Was wollen Sie damit sagen?).

In einer zirkulären Frage sind Sach- und Beziehungsaspekt explizit angesprochen und aufeinander bezogen, so dass bei Antworten auch immer beides enthalten ist. Damit ergeben sich für alle Beteiligten dauernd neue Informationen, die wieder zu neuen Fragen führen, die wieder zu neuen Informationen führen, die wieder ... und so fort.

Zirkuläre Fragen lösen so lineare Sichtweisen eines Problems auf, indem sie es innerhalb eines Systems, seines Beziehungsgeflechts, seiner Spielregeln und seiner Struktur lokalisieren und seine Funktion für das System thematisieren. „Zirkularität basiert auf der Vorstellung, dass Menschen in speziellen Mustern in Zeit miteinander verbunden sind. Die Muster können biologisch, physiologisch, soziologisch überdauernd, vorübergehend usw. sein“ (Boscolo, 1988, 121). Die Wirkungsweise solcher „Muster“ ist fast ausnahmslos die, dass sie automatisch greifen und das Verhalten der einzelnen Systemmitglieder steuern, ohne dass man über sie explizit Auskunft geben könnte. In der Regel nimmt man ihre Existenz nur dann wahr, wenn sie nicht beachtet und verletzt werden. Häufig sind sie auch verworren oder werden zumindest als unklar und widersprüchlich erlebt. Zirkuläre Fragen sind „in der Lage, der Familie Aussagen über Unterschiede der Beziehungen zu entlocken, und sie führen gleichzeitig Aussagen über Beziehungsunterschiede in das Familiensystem ein. Wenn ein Konsultant fragt: „Wer stimmt der Großmutter am meisten zu, dass dies ein Problem ist?“ wird zwischen der Person (der Zustimmenden) und der Großmutter **durch diese Frage** eine Beziehung definiert“ (Boscolo, 1988, 122).

Etwas vereinfachend lässt sich formulieren:

Mit Hilfe zirkulärer Fragen wird weniger das Thema der Klienten in den Mittelpunkt gestellt, sondern die Meinungen der Beteiligten zum Thema!

Beispiel aus einem Therapiegespräch „der Mailänder“:

„**Boscolo**: Lassen Sie mich Dori fragen. Stimmst du dem zu, was deine Mutter gerade gesagt hat: Dass sich dein Vater bis vor sechs

Monaten mit Diane besser verstand als mit Lisa und dir? Seit einem halben Jahr gibt es zwischen deinem Vater und Diane wenig Kommunikation. Welche Erklärung hast du dafür?

Dori: Weiß ich nicht.

Boscolo: Lisa, hast du eine Idee? (Keine Antwort). Wenn ich Diane fragen würde, glaubst du, dass sie mir eine Erklärung geben wird?

Lisa: (Sanft) Nein.

Boscolo: Warum nicht? Weil sie nicht will, oder weil sie nicht kann, oder weil sie es nicht weiß?

Lisa: Ich weiß es nicht.

Boscolo: Diane, stimmst du deiner Mutter zu, dass du dich als einzige mit deinem Vater verstanden hast? Und dann, vor sechs Monaten, hat sich etwas verändert?

Diane: Ja.

Boscolo: Was ist passiert? (Keine Antwort) Dori, wenn Diane jetzt antworten würde, was würde sie dann sagen?" (Boscolo, 1988, 146).

Ich werde im Folgenden das „zirkuläre Fragen" zunächst veranschaulichen durch das Umformulieren einiger Fragen aus dem Abschnitt „Verflüssigen" in zirkuläre Fragen (1), anschließend eine Reihe typischer zirkulärer Fragen auflisten (2) und danach die Vorteile, die in dieser Frageform liegen, stichwortartig benennen (3).

Zu 1:

„Monika, was glaubst Du, woran Deine Lehrerin erkennen könnte, dass es besser geworden ist?"

„Glauben Sie, dass Monika sich nicht vorstellen kann, dass es anders oder besser werden könnte!"

„Was nehmen Sie denn an, wieso Monika sich beim Spielen mit dem Game-Boy unglaublich konzentriert zeigen kann?"

„Wie, glauben Sie, wird Monika von ihren Klassenkameraden erlebt? Von allen?

„Wenn Monikas Eltern jetzt hier wären, und sie könnten einen Kommentar sagen zu dem, was sie gehört haben, was vermuten Sie, würden die sagen?"

Zu 2.:

„...die klassischen zirkulären Fragen der Mailänder Methode:

1. Wer steht wem am nächsten?
2. Wie hat sich die Beziehung zwischen Mutter und Vater geändert, seit der Patient sich entschlossen hat, schizophren zu werden?
3. Was für Veränderungen erwarten Sie, falls Sie sich für eine Genesung entscheiden?
4. Wer würde davon mehr aus dem Gleichgewicht gebracht?
5. Was würde geschehen, wenn Ihre Schwester Ihre Position einnehmen würde?“ (Cecchin, 1993, 97f)

Die folgenden Beispiele stammen weitgehend aus einem Aufsatz von Peggy Penn (1983) über zirkuläres Fragen:

> „Vater: „Wegen ihrer Krankheit hat Mutter Schuldgefühle.“ ... Therapeut: „Wer macht sich am meisten Sorgen, wenn Mutter Schuldgefühle hat?“
>
> „Mutter: „In dieser Familie redet niemand miteinander.“ ... Therapeut: „Wer in der Familie redet am wenigsten mit den anderen?“
>
> „Ehefrau: „Wir haben kein Sexualleben.“ ... Therapeut: „Wer macht sich die meisten Sorgen um das Sexualleben?“ (alle ebd., 207)

- **Frage nach Konditionen:**

  „Wer regt sich auf, wenn ... (...)?

  Wer fühlt sich hilflos, wenn ... (...)?

  Wer merkt zuerst, wenn ... (...)?“ (ebd., 208)

- **Klassifikationsfragen:**

  „Haben Sie sich in diesem Monat mehr als Tochter oder mehr als Ehefrau gefühlt?“

  „Wer war am meisten mit Ihrer früheren Therapie unzufrieden, wer kam dann etc.?“ (ebd., 210)

- **Übereinstimmungsfragen:**

  „Wer in der Familie teilt Deine Ansicht, dass Deine Mutter und Dein Bruder sich näher als alle anderen sind?“ (ebd., 210)

„Ich bemerke einen hohen Grad an Übereinstimmung bei Euch! Ihr seid offensichtlich einer Meinung! Gibt es auch Unterschiede?"

„Ja!" – Welche?

„Nein!" – Wie erklärt Ihr Euch das?

- **Subsystem-Vergleiche:**

  „Wie würden Deine Eltern ohne Dich zurechtkommen?"

  „Wer von Euch beiden bleibt immer zu Hause bei den Eltern?"

  „Wäre es besser für Sie und Ihren Mann, wenn Joan nicht da wäre?" (ebd., 211)

- **Erklärungsfragen:**

  „Wie erklären Sie sich, dass ausgerechnet die Großmutter es als erste merkt, wenn die Mutter depressiv ist?" (ebd., 211)

Ein Beispiel der „Mailänder":

Hervorholen von Verhaltensunterschieden statt Aufgreifen von Eigenschaften, die als für eine bestimmte Person typisch angesehen werden.

Als Beispiel ein Gespräch zwischen dem Therapeuten und einem Kind über die in der Familie lebenden Großeltern väterlicherseits.

„Sohn: Wir wohnen mit den Großeltern zusammen, und die sind ewige Nörgler.

Therapeut: Was tun sie denn, damit sie zu Nörglern werden?

Sohn: Sie mischen sich ständig ein und sagen den Eltern, was sie mit uns machen sollen.

Therapeut: Wer mischt sich mehr ein, deine Großmutter oder der Großvater?

Sohn: Der Opa.

Therapeut: Bei wem mischt er sich mehr ein, bei deiner Mutter oder bei deinem Vater?

Sohn: Bei meinem Vater.

Therapeut: Und wen irritiert es mehr, wenn sich der Großvater einmischt, deine Mutter oder deinen Vater?

Sohn: Ach, die Mami natürlich! Sie will dann, dass der Papi es ihm verbietet ..." (Palazzoli u.a., 1981, 134).

Gedankenlesende Fragen

In einem sehr viel engeren Verständnis wird der Begriff des „Zirkulären Fragens" auch für das verwandt, was die Mailänder selbst als „Gedankenlesende Fragen" bezeichnen. Damit sind solche Fragen gemeint, in denen ein Teilnehmer eines Gespräches gefragt wird, was er wohl meine, was ein anderer Teilnehmer denken oder sagen würde, wenn er gefragt würde...

Frage des Therapeuten an den Vater: „Wenn ich Ihrer Frau diese Frage stelle, wird sie Ihnen zustimmen, oder wird sie glauben, dass es noch andere Probleme gibt?" (Boscolo, 1988, 139).

„Ich frage mich, Karin, warum weint Ihre Mutter jetzt?" (Deissler, 1988, 351)

„Wenn Ihr Mann jetzt hier wäre, und wir könnten ihn fragen, was würde er Ihrer Ansicht nach wohl dazu sagen?".

„Robert, was glaubst du, wie sich dein Lehrer dein problematisches Verhalten erklärt?"

An den Klassenlehrer gerichtet: „Was glauben Sie, warum Robert so oft zu spät kommt? ... Was meinen Sie, würde Robert zu dieser Antwort sagen?" (Palmowski/Zimmer, 1994, 172).

Fragen dieser Art bringen oft viele neue Informationen und Perspektiven: „Die Frau hört zu, was ihr Mann darüber denkt, was sie denkt." (Boscolo, 1988, 140)

In einer mitteilenswerten Anekdote weisen die Mailänder Therapeuten allerdings darauf hin, dass diese Frageform nicht immer akzeptiert wird:

„Als wir Familien in Edinburgh befragten, antworteten sie jedesmal, wenn wir eine gedankenlesende Frage stellten: „Warum fragen Sie nicht meine Frau?" Sie ließen durchblicken, dass ich sehr unverschämt war. Wenn wir dagegen in Italien ein Familienmitglied fragen: „Was glauben Sie, was Ihre Frau oder Ihr Bruder denkt?", „werden sie dir das mit Freude erzählen." (Boscolo, 1988, 140)

Zu 3.:

- **Nützliche Aspekte zirkulärer Fragen:**

– Jede Beantwortung einer solchen Frage schafft Informationen für alle Beteiligten, auch für denjenigen, der antwortet.

– Weiterhin lassen solche Fragen keine stereotypen Antworten zu, sondern lassen die Gesprächspartner erst einmal innehalten und nachdenken.

– Der Fragende bleibt neutral! Er braucht (und wird) keine Partei ergreifen, sondern die möglichen verschiedenen Perspektiven gleichermaßen betonen.

– Die Fragetechnik lässt es zu, auch gewichtige Fragen stellen zu können, ohne auf die sonst oft übliche Zurückhaltung oder Reserviertheit zu stoßen, da es ja „nicht um objektive Fakten", sondern „nur" um die Meinung der anderen geht.

– Unabhängig von den Antworten erhöht diese Fragetechnik die Sensibilität für die Prozesse innerhalb des Systems – häufig wird den Beteiligten deutlich, dass es mehr als nur eine Wahrheit gibt.

5.3 Lösungsorientiertes Fragen

Innerhalb der verschiedenen systemischen Therapierichtungen gibt es ein Konzept der „Kurzzeittherapie" (vgl. De Shazer, 1989a, 1989b, 1992; Berg, 1992, 1993; Weiß / Haertel-Weiß, 1991), das zur Auflösung von Problemen in der Regel mit 4 – 7 Sitzungen auskommt (Weiss, 1988, 51; De Shazer, 1989b, 14). Im Gegensatz zu den meisten anderen Therapierichtungen steht eben nicht das Problem im Mittelpunkt des Interesses, sondern Therapeut und Klienten richten ihr Augenmerk auf mögliche Lösungen.

– „Die weitgehende Hinwendung zu den Lösungen als Therapieprinzip unter Vernachlässigung der problematischen Teile ist wohl das eigentliche Geheimnis der Kurzpsychotherapie." (Weiss, 1988, 56).

– „Lösungsorientierte TherapeutInnen gehen davon aus, dass es einfacher und erfolgversprechender ist, an Lösungen zu arbeiten, statt Probleme zum Verschwinden zu bringen ... (Wobei) jene Aktivitäten, die darauf abzielen, Lösungen zu finden, sich deutlich von denen unterscheiden, die Probleme lösen sollen" (Berg, 1992, 26).

– Nach De Shazer ist der entscheidende Unterschied der, „dass der Prozess der Lösung sich von Fall zu Fall stärker ähnelt als die Probleme, denen die Intervention jeweils gilt“ (De Shazer, 1989b, 12).

Im Folgenden werde ich die Vorgehensweise dieses lösungsorientierten Ansatzes zunächst an einem vergleichenden Beispiel darstellen, dann einige Gesichtspunkte nennen, auf die sich im Gespräch die Aufmerksamkeit richtet (und jeweils beispielhaft ein paar Fragen dazu formulieren bzw. zitieren). Abschließend soll gefragt werden, inwieweit sich diese Sichtweise und die damit verbundene Fragehaltung auch für die Beratungsarbeit im schulischen Kontext anbietet.

Beispiel: Klient leidet oft unter Kopfschmerzen unklarer Herkunft

- **Fragehaltung problemorientierter Therapeuten:**

Wann, seit wann, wie oft haben Sie Kopfschmerzen? – *Ort, Zeit und Häufigkeit*

Wie äußern sich die Kopfschmerzen genau, welche anderen Symptome ... – *Intensität und Symptomatologie*

Was ruft die Kopfschmerzen hervor? – *Ursachen, Risikofaktoren, Entstehungsbedingungen*

Am Ende der Sitzung hat der Klient eine Stunde lang über seine Kopfschmerzen berichtet, und der Therapeut hat ihn möglicherweise durch sein Fragen und Zuhören in der Annahme bestärkt, dass es sich hier wirklich um ein gravierendes und komplexes Problem handeln muss. (Die ursprüngliche Form der Gesprächspsychotherapie nach Carl Rogers müßte aus dieser Perspektive beispielsweise sehr kritisch gesehen werden!)

- **Fragehaltung lösungsorientierter Therapeuten:**

Er wendet seine Aufmerksamkeit den Ausnahmen zu, also den Situationen, für die der Klient schon selbst eine Lösung gefunden hat:

An welchen Tagen, in welchen Situationen fühlen Sie sich beschwerdefrei – geht es Ihnen besser?

Was ist in diesen Situationen anders?

Was machen Sie in diesen Situationen anders?

Was meinen Sie, ist in diesen Situationen hilfreich für Sie?

Wenn der Klient sich keine Ausnahmen vorstellen kann, fragt der Therapeut etwa: Sie haben also immer Kopfschmerzen, den ganzen Tag lang und immer gleich stark – ohne den geringsten Unterschied?

Wie war es früher? Oder gibt es doch Ausnahmen?

Bitte achten Sie bis zum nächsten Gespräch auf Dinge oder Ereignisse, von denen Sie sich wünschen, dass sie sich auch weiterhin ereignen sollen! (vgl. Weiss, 1988, 63ff)

Berg (1992) nennt einige Gesichtspunkte, die zur Konstruktion von Lösungen oder zum Finden von Ausnahmen besonders ergiebig sind:

- **Fragen, die sich auf vergangene Erfolge beziehen:**

Es ist nicht leicht, eine so große Klasse allein zu unterrichten, wie haben Sie das geschafft?

Die Bedingungen, unter denen Sie hier arbeiten müssen, sind alles andere als rosig, woher nehmen Sie die Kraft, hier durchzuhalten?

Wie haben Sie das gemacht, dass Ihre Schüler so viel Vertrauen in Sie setzen?

Ich staune über Ihre Zivilcourage, wie haben Sie das bei Ihrer Schulleitung durchgesetzt?

„Wie kommt es, dass Ihre Lage nicht schlimmer ist?" (Berg, 1992, 84)

Alle diese Fragen lassen sich sinngemäß auch auf die Situation des Schülers oder der Eltern übertragen.

Manchmal ist es sehr anstrengend hier, wie schaffst Du das, jeden Morgen neu Dich ins Gewühl zu stürzen?

„Es ist nicht leicht, drei Kinder allein großzuziehen. Wie haben Sie das gemacht?" (Berg, 1992, 84)

- **Fragen, die sich auf Ausnahmen beziehen:**

In welchen Situationen haben Sie dieses Problem nicht? Was ist dann anders? ... Was noch?

Was muss passieren, damit dieses Problem nicht auftritt? Wie erklären Sie sich das?

Was haben Sie in diesen Situationen als hilfreich oder nützlich erlebt?

Was machen Sie anders, wenn dieses Problem nicht auftritt? ... Was noch?

- **Die Wunder-Frage:**

Diese Frage ist lösungs- und zukunftsorientiert, sie konstruiert eine angenommene, erwünschte, problemlose Zukunftsperspektive, aus der sich durch immer konkreter werdendes Nachfragen (Woran genau könnten Sie erkennen, dass ...) Lösungen bzw. erste Lösungsschritte herauskristallisieren können.

„Die Frage lautet folgendermaßen: 'Angenommen, es würde eines Nachts, während Sie schlafen, ein Wunder geschehen und das Problem ... ist gelöst. Da Sie schlafen, merken Sie nicht, dass ein Wunder geschehen und Ihr Problem verschwunden ist. Was glauben Sie, werden Sie am nächsten Morgen anders wahrnehmen, das Ihnen sagt, dass ein Wunder geschehen ist?' " (Berg, 1992, 93)

Globale und unspezifische Antworten könnten dann durch entsprechendes Nachfragen zu immer präziseren Vorstellungen führen:

Beispiele:

„– Was müssten Sie machen, um so zu tun, als sei das Wunder geschehen? Noch etwas anderes? Was sonst noch?

– Wenn Sie das machen würden, was wäre die erste Veränderung, die Sie an sich feststellen würden?

– Wer wäre die erste Person, der am nächsten Tag auffallen würde, dass sich nach dem Wunder etwas mit Ihnen gewandelt hat?" (Berg, 1992, 94)

- **Wann-und Wenn-Fragen:**

Wann- und Wenn-Fragen, wobei das „wenn" sich auf die zeitliche Dimension bezieht, sind insofern lösungsorientiert, als sie implizit **Veränderung unterstellen** und eigentlich nur offen lassen, wann das der Fall sein wird.

– Wann wirst Du Dich entscheiden,...?

– Wenn es Ihnen wieder besser geht, was werden Sie dann anders machen?

– Wenn dieses Problem gelöst sein wird,...?

– Wenn Sie es schaffen, der Einladung zu einem Wutanfall nicht zu folgen, was werden Sie dann anders gemacht haben?

– Wenn Du die Arbeit erledigst, was könnte dazu beitragen, es zu tun?

– Wenn in der Klasse wieder eine bessere Arbeitsatmosphäre herrscht, was ...?

Dieses Grundmuster lösungsorientierten Fragens bietet sich auch für die Beratungsarbeit in der Schule an:

– Der Schüler, um den es geht, wird mit großer Wahrscheinlichkeit erwarten, dass es im anstehenden Gespräch um seine **Probleme** gehen wird, die er hat oder haben soll und die er macht, um nichts anderes sonst. Entsprechend defensiv, vorsichtig und verhalten wird er reagieren. Die – für ihn und vielleicht auch für den Klassenlehrer erstaunliche – Wahrnehmung, dass es stattdessen um seine positiven Kräfte geht, wird nicht nur seine Bereitschaft zur Mitarbeit erhöhen und sich günstig auf sein Selbstwertgefühl auswirken. Sie ist darüber hinaus eine wichtige Voraussetzung für auf Selbstbeobachtung und Selbstkontrolle aufbauende Verhaltensänderungen. Unterstützende Hilfen, die der Lehrer ohne großen Aufwand anbieten könnte, wären hier etwa das **„Schätzen“** und das **„Wetten“**.

Weiß (1988, 147ff) beschreibt diese beiden Techniken, in denen der Schüler Vorhersagen über sein Verhalten in einem bestimmten Zeitraum machen soll, wobei dies seine Möglichkeit, sein Verhalten steuern und kontrollieren zu können, impliziert (auch wenn es nicht klappt). Konkret kann es beispielsweise bedeuten, dass der Lehrer den Schüler zu Stundenbeginn bittet, zu schätzen, wie oft er wohl in dieser Stunde unerlaubt seinen Platz verlassen wird und daran anschließend der Schätzung des Schülers eine pessimistischere eigene Prognose gegenüberstellt.

Auch wenn die beiden miteinander wetten, muss die Absprache so sein, dass der Schüler die Wette gewinnt, wenn er weniger Störverhalten zeigt. Beide Techniken sind allerdings nur wirksam in einem freundschaftlichen und kooperativen Lehrer-Schüler-Verhältnis.

– Der Regelschullehrer wird bei einer lösungsorientierten Fragehaltung wahrscheinlich schnell an die Grenzen seiner selektiven

Wahrnehmung dieses Schülers kommen. Ohne dass dies groß als Aufgabe für ihn formuliert werden müsste, wird er Hinweise für Beobachtungen unter verändertem Vorzeichen für sich gewinnen können. Im günstigsten Fall wird durch das „Achten auf Ausnahmen“ die Wahrnehmung und die daran anschließende Bewertung in ihr Gegenteil verkehrt und so bestehende Teufelskreise von negativer Erwartungshaltung und entsprechend selektiver Wahrnehmung aufgelöst.

5.4 Zukunftsorientiertes Fragen (Feed-Forward)

Schon im letzten Abschnitt ist deutlich geworden, dass es in Beratungsgesprächen für das Erreichen von Veränderungen sehr nützlich sein kann, an Lösungen zu arbeiten, statt an den Problemen. Dieser Perspektivenwechsel beinhaltet auch eine Veränderung der Zeit-Komponente:

Lösungen liegen immer in der Zukunft!

Steht das Problem des Klienten im Mittelpunkt des Interesses, dann verläuft der Bogen des Gespräches von der Gegenwart in die Vergangenheit oder umgekehrt. Solche problemorientierten Gespräche versuchen, durch eine möglichst detaillierte und vollständige Erfassung des Problems und seiner Entstehungsgeschichte relevante Hinweise auf mögliche Lösungen zu finden.

Lösungen selbst liegen in der Zukunft. Peggy Penn (1986) hat auf die Bedeutung von Fragen hingewiesen, die sich auf diese Zukunft beziehen. Bei dieser Art zu fragen („Feed-Forward“) verläuft der Gesprächsbogen von der Gegenwart in die Zukunft. Die Klienten werden über ihre Ideen zum Stand des Problems (und seiner eventuellen Veränderung) in der vor ihnen liegenden Zeit befragt.

Im Folgenden will ich einige beispielhafte Fragen vor allem aus dem genannten Beitrag von Penn (1986, 206-222) wiedergeben und danach auf die Vorteile hinweisen, die sich durch Zukunftsfragen ergeben können.

Beispiele:

- „Angenommen, Deine Eltern würden sich scheiden lassen, bei wem würdest Du dann wohnen wollen?“ (ebd., 207)
- „Was würde werden, *wenn* ... ?“ (S. 208)

- „Seit wann haben Sie diese Erklärung für Ihr Problem?“ anschließend „Wann werden Sie eine andere Erklärung dafür haben?“ (S. 209f)
- „Ich verstehe, dass Sie das heute so sehen, aber wer von Ihnen wird morgen anders darüber denken?“ (ebd., 210)
- „Wer wird wohl in Zukunft das schönere Leben haben?“ (ebd., 221)
- „Nun, angenommen, es gäbe in der Zukunft einen Machtkampf zwischen Ihnen, würden Sie sich eher darüber streiten, wem es besser geht, oder darüber, wem es schlechter geht?“ (ebd., 221)
- „Wie glauben Sie, wird die Situation in drei Monaten aussehen?“ – „Einiges wird anders sein!“ – „Was wird anders sein? – Wie erklären Sie sich das?“ – oder: „Es wird genauso sein wie heute?“ – „Wie erklären Sie das, dass Sie glauben, dass nichts sich ändern wird?“
- „Wann wirst Du Dich entscheiden, wieder mitzuarbeiten?...Wann wird es wieder besser werden? ... Was wird Dir dabei helfen, es zu schaffen?... Was noch?

  Was wird anders sein (oder: Was wird besser sein), wenn ...?

  Wann habt Ihr beschlossen, es als ein Problem zu betrachten? Wann werdet Ihr Euch entscheiden, es anders zu sehen?
- „Welche Probleme würden auftauchen, wenn Sie es auf diese statt auf jene Art machten?“ (Andersen, 1990, 70)

Vorteile:

- Zukunftsfragen geben Raum für Spekulationen und Konstruktionen neuer Möglichkeiten. „Da die Pläne für die Zukunft noch nicht erstellt sind, sind die Familienmitglieder frei, sich völlig neue Handlungsalternativen für ihr Dilemma auszudenken“ (Penn, 1986, 206). Da es um Lösungen geht, sollte darüber gesprochen werden, was besser sein wird als heute.
- Der Entwurf einer besseren zukünftigen Situation wirkt zurück auf die gegenwärtige Problemlage. „Eine Zukunftsfrage ist die hypothetische Möglichkeit, in das System auf eine so neue Art und Weise zu intervenieren, dass sich zwangsläufig die gegenwärtige Situationsbedeutung verändert; denn durch jede neue Sichtweise werden bereits aufeinander abgestimmte Muster wieder modifiziert“ (Penn, 1986, 216).

– Die möglichst präzise und konkrete Beschreibung einer zukünftigen Situation hat die Funktion einer Folie, die auf die gegenwärtige Lage aufgelegt werden kann und die so die Diskrepanzen zwischen beiden unmittelbar verdeutlichen. Daraus wiederum ergeben sich Hinweise auf die nächsten Schritte vom Ist- zum Soll-Zustand.
– Wenn Personen zukünftige Entwicklungen zum Besseren hin erörtern, dann wird auch (implizit) die Fähigkeit angesprochen, Einfluss nehmen zu können auf sein Schicksal. **Die eigenen Gestaltungskräfte und die eigene Verantwortung für das, was passiert, rücken ins Blickfeld.**

Tom Andersen weist auf die Möglichkeit hin, dass solche Fragen über die Zukunft zurückgewiesen werden können, weil eine Person beispielsweise der Meinung ist, selber keinen Einfluss zu haben. Für eine solche Situation schlägt er vor, über die Frage zu diskutieren, inwieweit die Klienten die Zukunft für selbstbestimmt oder vorherbestimmt halten. „In welchem Ausmaß ist sie vorherbestimmt? Völlig, oder gibt es eine kleine Anknüpfung für etwas, das von Ihnen bestimmt werden kann?“ „Ist es vom Schicksal vorherbestimmt, einer Macht etc.?“ „Wird das immer so sein?“ „Falls es sich ändert, wann wird das am ehesten eintreten?“ „Falls es nicht eintritt, wer ist damit am zufriedensten?“ „Wer wird am längsten brauchen, bevor er es akzeptieren kann?“ (Andersen, 1990, 71)

Als didaktisches Hilfsmittel verwendete De Shazer (1989, 116ff) in Situationen, in denen er mit Klienten über die Zukunft sprach, eine alte Technik, nämlich den Blick in die Kristallkugel. Mit ihrer Hilfe lassen sich leicht Bögen in die Vergangenheit und in die Zukunft schlagen. Eine der zukunftsorientierten Aufgaben, die er dabei dem Klienten stellte, ist die, sich beim Blick in die Kugel „daran zu erinnern, auf welche Weise das Problem bewältigt wurde, wie er selbst auf diesen Prozess reagierte und welche Reaktionen die übrigen Beteiligten zeigten“ (De Shazer, 1989, 118).

Damit schafft er eine Situation, in der Zukünftiges aus einer Retrospektive betrachtet wird, in der das Problem (das noch gelöst werden muss) als längst gelöst gilt.

Zukunftsfragen machen auch deutlich, dass der Fragende zuversichtlich ist, dass der Gefragte seine Kräfte einsetzen wird für positive Veränderungen. Eine Frage wie: „Wann glaubst Du, wirst Du wieder besser mitarbeiten können?“, zeigt dem Schüler zum einen, dass man ihn ernst nimmt, auf seine **Eigenverantwortung** für sich selbst setzt und mit ihm kooperieren möchte. Zum anderen, dass man ihm die **Kompetenz** zutraut, positive Schritte zu gehen oder einzuleiten.

5.5 Spekulative Fragen

Der Gedanke, der in diesem Abschnitt präzisiert werden soll, ist bereits mehrfach angeklungen, es scheint mir dennoch sinnvoll, ihn auch explizit zum Thema zu machen.

In dem Roman „Der Mann ohne Eigenschaften“ (von Robert Musil) findet sich ein Abschnitt: *„Wenn es Wirklichkeitssinn gibt, muss es auch Möglichkeitssinn geben“*. Dort schreibt der Autor unter anderem: „Wenn es aber Wirklichkeitssinn gibt, und niemand wird bezweifeln, dass er seine Daseinsberechtigung hat, dann muss es auch etwas geben, das man Möglichkeitssinn nennen kann.

Wer ihn besitzt, sagt beispielsweise nicht: Hier ist dies oder das geschehen, wird geschehen, muss geschehen; sondern er erfindet: Hier könnte, sollte oder müsste geschehen; und wenn man ihm von irgend etwas erklärt, dass es so sei, wie es sei, dann denkt er: Nun, es könnte wahrscheinlich auch anders sein“ (Musil, 1999, 16).

Diesen Grundgedanken, formuliert als spekulative Frage, findet man in fast allen Protokollen von Therapie- oder Beratungsgesprächen. Es sind die Fragen, die mit **„Nehmen wir einfach mal an...“** beginnen und die den Klienten die Möglichkeit anbieten, sich Gedanken zu machen über Alternativen zu ihrer bisherigen Wirklichkeit.

- „Nehmen wir einfach mal an, dieser Schüler wäre nicht in ihrer Klasse, was, glauben Sie, wäre dann anders!“
- „Nehmen wir mal an, der Schulleiter hätte bis jetzt zuhören können und wir bäten ihn um einen Kommentar, was, glauben Sie, würde er sagen?“
- „Sie haben da eine Erklärung, die für Sie sehr plausibel und sonnenklar ist, aber nehmen wir einfach mal an, Sie hätten noch eine andere, zweite Erklärung, wie könnte die aussehen?
- „Nehmen wir mal an, es käme genau so, wie Sie es sich vorstellen – was, glauben Sie denn, käme danach?“

Diese Form zu fragen, bietet zumindest zwei große Vorteile. Der erste ist schon genannt worden: Man kann an Lösungen arbeiten durch das Spekulieren über Möglichkeiten.

So fragt ein Freund von mir, wenn er mit Kindern arbeitet:

- Nehmen wir einfach mal an, der schlaue Asterix (oder Schwarzenegger, Zorro, dein Kuscheltier, Prinz Eisenherz,...) würde dir einen guten Rat geben. Was glaubst du denn, was Asterix dir raten würde, was du tun könntest?

Den zweiten Vorteil sehe ich darin, dass durch spekulative Fragen ein Raum geschaffen wird, in dem man sicher sein kann vor irgendwelchen Sanktionen oder Bewertungen. Man redet ja nicht über Reales! Also kann man sich auch trauen, Gedanken zu äußern, die als Formulierung mit Wirklichkeitsanspruch zu brisant erscheinen. Die Spekulation bietet sozusagen einen geschützten Raum.

Berater: „Was glauben Sie, geht jetzt in diesem Moment Ihrem Sohn durch den Kopf?"

Klient: „Das weiß ich nicht!"

Berater: „Spekulieren Sie doch mal einfach!"

Klient: „Also ich glaube, dass..."

5.6 Fragen, die die Verantwortung und die Entscheidungskompetenz des Klienten betonen

Eine Schwierigkeit, effizient an Lösungen zu arbeiten, kann sich daraus ergeben, dass man den relevanten Sachverhalt in Bilder oder Beschreibungen gießt, die (etwa durch ihre statische Sichtweise) Veränderungen erschweren und/oder die Zuständigkeit des Betreffenden leugnen oder in Frage stellen. Die Beschreibung eines Alkoholproblems als Krankheit (vgl. Berg, 1993) hat durchaus eine entlastende (und damit für den Betroffenen positive) Funktion. Allerdings delegiert diese Sichtweise die Verantwortung zur Lösung des Problems in die Hand des Experten. Außerdem kann man sich leicht dazu entscheiden, daran zu glauben, dass man der Krankheit oder dem Krank-Werden ausgeliefert ist, es passiert mit einem, man selbst kann nichts dagegen tun. Neben die hilfreiche Entlastungsfunktion (in diesem Fall der Krankheitsmetapher) tritt die Lösungen erschwerende Position der eigenen Hilflosigkeit.

Im systemischen Interview formuliert man seine Fragen eher offensiv und aktivierend. Man gibt zu verstehen, dass man die Verantwortung für das Geschehen und die Kompetenz zur Realisierung einer Lösung beim Klienten (-system) verortet. Cecchin:

> ***„Wir transformieren das Problem, so wie sie es definieren, in eine Entscheidung"***
> *(Boscolo, 1988, 137, Hervorhebung von mir).*

Beispiele:

„Dann fragen wir den identifizierten Patienten, ob er damit einverstanden ist, Patient zu sein oder nicht."

„Wie sind sie zu dieser Definition gekommen? Wie haben sie das entschieden? Warum haben sie beschlossen, dass das, was sie als Problem definieren, ein Problem ist?"

„Wer hat beschlossen, dass du ein Problem hast? Bist du damit einverstanden? Wer traf die Entscheidung, dass du nicht mehr essen sollst? Wann hast du entschieden, dir das Leben zu nehmen?" (alle Beispiele ebd. 136f)

„Was glaubst du, wie lange du suizidal bleiben wirst?" (ebd., 170)

„Wann wirst du dich entscheiden, wieder mitzuarbeiten?"

„Du hast dich entschieden, nicht zu lernen, wann wirst du wieder lernen wollen?"

„Du hast dich entschieden, die keine Gedanken über deine Zukunft zu machen, wann wirst du damit beginnen?"

„Sie haben sich entschieden, noch nichts zu entscheiden? Was, glauben Sie, würde es Ihnen leichter machen, zu einer Entscheidung zu kommen?"

Fragen dieser Art stoßen bei dem Klienten durchaus nicht immer auf offene Bereitschaft der Beantwortung. Schließlich stellen sie ja seine, ihn schützende Sichtweise („Ich bin krank!") rigoros in Frage. Aber sie eröffnen oder erweitern die Möglichkeit zur Veränderung.

5.7 Zielorientiertes Fragen

„Es ist immer wieder verblüffend, mitzuerleben, wieviele Konflikte und psycho-soziale Probleme hinfällig werden und wie sehr die Motivation zur Kooperation steigt, wenn es gelingt, die Aufgaben zu klären und eine verbindliche, zielorientierte Perspektive zu entwickeln“ (Passavant, 1993, 199).

Demnach ist eines der wichtigsten Themen in Beratungsgesprächen die Verständigung über das Ziel, das erreicht werden soll. Häufig kommen Klienten mit konkreten Beschwerden, aber diffusen Vorstellungen darüber, wie es anders oder besser sein soll. Der Gedanke: „Ich will auch mal auf einen grünen Zweig kommen!“ beinhaltet nun einmal keine konkreten Anhaltspunkte dafür, woran sich denn genau ein solcher Zustand oder das Erreichen eines solchen Zieles erkennen ließen.

Gute Vorsätze sind wie Aale,
leicht zu fassen, aber schwer zu halten!

Es erscheint deshalb nützlich und notwendig, vage und unklare Vorstellungen über ein Ziel so konkret umzuformulieren, dass sich Veränderungen zum Positiven auch tatsächlich erkennen lassen.

Beispiel:

„Jim: Ich muss mein Leben in den Griff kriegen.

Therapeut: Was wäre das erste Anzeichen dafür, dass Sie Ihr Leben „in den Griff kriegen“?

Jim: Ich wäre einfach glücklicher und fähig, mehr zu erreichen. Ich bekäme, was ich im Leben verdiene.

Therapeut: Ich frage mich noch immer, Jim, was der erste Schritt wäre, der Ihnen sagte, dass Sie dabei sind, die Dinge zu bekommen, die Sie verdienen?

Jim: Wenn ich mir in den Hintern trete und sage: „Los, komm, fang an!“

Therapeut: Lassen Sie mich das noch deutlicher verstehen, Jim. Was wäre der erste kleine Schritt, den Sie machen würden, der Ihnen sagte, dass Sie sich in den Hintern treten?“

Jim: Ich wäre um einiges erpichter darauf, aus dem Haus zu gehen, spazieren zu gehen, jemanden anzurufen, andere zu besuchen. Ich würde mich körperlich wohler fühlen“ (Berg, 1993, 57f).

In einer Situation mit nur einem Klienten kann der Berater die Ziele des Gesprächspartners erfragen und mit ihm gemeinsam überlegen, wie der Klient diese Ziele für sich erreichen und umsetzen kann.

In einem Gespräch mit mehr Anwesenden, z.B. Schüler, Klassenlehrer und Berater, taucht jedoch in aller Regel ein zusätzliches Problem auf, wenn es um das Aushandeln der Ziele geht: Die Klienten, bzw. Schüler und Klassenlehrer haben nicht nur unterschiedliche Problemsichten, sondern sie verfolgen auch unterschiedliche Ziele:

Beispiel:

Berater: Was muss hier in diesem Gespräch passieren, damit am Ende alle Beteiligten sagen können, es hat sich gelohnt?

Lehrer: Das Gespräch wird sich gelohnt haben, wenn dieser Kerl endlich aufhören wird, nur das zu tun, wozu er Lust hat und alles andere zu ignorieren!

Berater: Okay! (Zum Schüler:) Was würdest du sagen? Was muss sich ändern, damit du sagen kannst, es war ein gutes Gespräch?

Schüler: Ich wäre schon zufrieden, wenn der Herr Schneider nicht dauernd ‘rummeckern würde. Der soll mich in Ruhe lassen!

Berater: Okay! Nehmen wir einmal an, es wäre so, wie Ihr Euch das vorstellt. Was gäbe es noch, dass dieses Gespräch zu einem guten Gespräch machen könnte?

Schüler: Wir müssen was finden, dass wir weniger Stress miteinander haben, nicht dauernd diese Auseinandersetzungen, verstehen Sie?

Berater: Wenn Ihr weniger Stress miteinander hättet, woran könntest Du das erkennen?

Schüler: Na ja, er würde nicht mehr so viel meckern, und ich würde besser mitarbeiten!

Berater: Ah ja! (Zum Lehrer:) Woran würdest Du erkennen, dass der Stress zwischen Euch beiden weniger wird?

Lehrer: Ja, ja, er hat schon recht, das scheint wohl irgendwie miteinander zusammenzuhängen ...

In diesem Beispiel wird sehr deutlich, wie sich beide Ansichten aufeinander beziehen und miteinander korrespondieren. Ähnlich dürfte es auch in vielen anderen schulischen Problemsituationen sein: jeder der Beteiligten sieht den Konflikt nur aus seiner Perspektive und kann mögliche Regelkreise nicht erkennen. Eine Lösungsstrategie im Gespräch könnte demnach darin bestehen, Ziele zu suchen, die für alle Beteiligten erstrebenswert scheinen und die auf die Auflösung negativer Regelprozesse hinarbeiten.

Wenn eine solche Konstellation vorliegt, gibt es zwei Möglichkeiten. Die erste demonstriert das Fallbeispiel: vielleicht gibt es doch Ziele, die für beide erstrebenswert und attraktiv sind. Oder es wird deutlich, wie diese Ziele miteinander zusammenhängen und das eine sich aus dem anderen ergibt.

Als zweite Möglichkeit könnte der Berater genau dies zum Thema machen (Metakommunikation). Er könnte darauf hinweisen, dass unterschiedliche Vorstellungen über das Gesprächsthema und die zu verfolgenden Ziele im Raum stehen. In einer solchen Situation scheint es mir notwendig, die Themen und die Ziele zu benennen und gemeinsam mit den anderen Beteiligten eine per Konsens erzielte Prioritätenliste zu erstellen.

Kriterien für sinnvolle Zielformulierungen:

Berg (1993, 54-68) nennt einige Kriterien für sinnvolle Zielformulierungen. Je mehr dieser Eigenschaften in ihnen enthalten sind, umso bedeutsamer und erkennbarer wird ihre Umsetzung.

Sieben Eigenschaften wohlgestalteter Ziele:

1. Ziele müssen/sollen bedeutsam für den Klienten sein
2. Ziele müssen/sollen klein sein
3. Ziele müssen/sollen konkret, präzise und verhaltensbezogen sein
4. Ziele müssen/sollen eher das Vorhandensein als die Abwesenheit von etwas zum Ausdruck bringen
5. Ziele müssen/sollen eher einen Anfang als ein Ende beschreiben
6. Ziele müssen/sollen im Lebenskontext des Klienten realistisch und erreichbar sein
7. Ziele erreichen ist „Harte Arbeit“

Berater: „Wie wird das, was Sie vorschlagen, dazu beitragen, die Arbeit zu erledigen?“ (Efran, 1992, 177)

5.8 Fragen zur Klärung des Gesprächsrahmens

- Was wäre für Sie ein gutes Resultat dieses Gesprächs/der Beratung insgesamt?
- Was erwarten Sie von mir?
- Was ist Ihr Ziel?
- Was wären für Sie Anzeichen einer positiven Entwicklung?
- Welchen Wunsch haben Sie für das heutige Gespräch?

Prinzipiell lassen sich die Fragen einteilen in diejenigen, die sich auf den Inhalt beziehen, den die Klienten anbieten, und in die Fragen, die sich auf das Gespräch selbst beziehen, Fragen metakommunikativer Art.

Ein wesentlicher Teil der Fragen in einem systemischen Interview bezieht sich auf den Rahmen, in dem es stattfindet. Inhaltliche Fragen können erst und nur dann sinnvoll bearbeitet werden, wenn über die äußeren Modalitäten Einigung erzielt worden ist. „Es wäre nicht übertrieben zu sagen, dass der gesamte Therapieprozess im Wesentlichen eine fortwährende Vertragsverhandlung ist“ (Efran, 1992, 183).

Viele Fragen dieser Art finden sich besonders in Andersen (1990). Themen bzw. Fragen, mit denen metakommunikativ über Sinn, Zweck, Ziele und Rollenverteilung des Beratungsprozesses gesprochen wird, können etwa sein:

Zur Eröffnung des Gespräches

Was ist in diesem Moment das Problem, über das wir reden sollen?

Warum sind Sie hierhergekommen?

Warum findet das Gespräch gerade jetzt statt? Was ist im Moment anders als sonst?

Wenn Klienten zu Gesprächsbeginn skeptisch sind: Haben Sie mit dieser Art, ein Gespräch zu führen, schon einmal schlechte Erfahrungen gemacht?... Jeder sollte sagen können, wenn er genug gehört hat!

„Welches Interesse haben die Anwesenden an diesem Treffen? Wer hatte als erster die Idee zu diesem Treffen? Mit wem hat die Person zuerst über den Einfall geredet? Mit wem als zweites? Wer wurde darüber informiert? Wer fand die Idee gut? Wer hatte Vorbehalte? Lehnte jemand sie ab? Wer von den Anwesenden fand sie am besten? Wer hatte die größten Vorbehalte? Wenn die Person, die dieses Treffen vorschlug, das nicht getan hätte, hätte es jemand anderes getan? Wer wäre das gewesen?“ (Andersen, 1990, 60f)

Fragen und Hinweise zum Gespräch

Niemand muss etwas sagen, was er nicht sagen möchte!

Jeder kann alles das sagen, was er sagen möchte und die anderen hören nur zu!

An ein Kind gerichtet: Hier sind so viele Erwachsene, und du weißt noch gar nicht genau was passieren wird. Möchtest du vielleicht erst einmal nur zuhören? Und kann ich dich nachher noch einmal fragen, ob ich dich etwas fragen kann? Bist du damit einverstanden?

Wie können wir das Gespräch so organisieren, dass sich alle Beteiligten möglichst wohl fühlen?

Wäre jemand lieber nicht mitgekommen? Haben Sie eine Idee, was hier passieren muss, damit Sie hinterher sagen können, es hat sich doch gelohnt?

5.9 Prozessfragen

Das Formulieren von Prozessfragen beinhaltet zwei große Vorteile und eine nicht zu unterschätzende Schwierigkeit.

Diese Schwierigkeit besteht darin, dass der Berater (durch Übung) in der Lage sein muss, das Gespräch gleichzeitig auf der inhaltlichen Ebene zu moderieren und diesen Moderationsprozess selbst auf der Metaebene zu begleiten und zu reflektieren. Nur so kann er Zeitpunkte erkennen, an denen es sinnvoll ist, im Gespräch von der inhaltlichen auf die Metaebene zu wechseln und das Gespräch selbst zum Thema zu machen.

Der erste Vorteil dieser Fragen liegt darin, dass alle Beteiligten sich das bisher gelaufene Gespräch quasi von außen oder aus der Vogelperspektive ansehen können. Dies erleichtert oder ermöglicht Korrekturen, Ergänzungen, Vertiefungen oder Seiteneinstiege, die sonst (beim Verhaften im Inhaltlichen) verloren gingen.

Der zweite Vorteil besteht für mich darin, dass sich diese Fragen gerade dann immer anbieten, wenn sich auf der inhaltlichen Ebene Wiederholungen, Irritationen, Killerphrasen oder andere nicht hilfreiche Sequenzen ereignen. Die Frage: „Was wäre für Sie ein gutes Ergebnis dieses Gesprächs?“ oder „Inwieweit sind Sie mit dem bisherigen Verlauf unseres Gesprächs zufrieden?“, kann an (fast) jedem Punkt eines Gespräches eingeschoben werden, sie gibt dem Berater ein Stück zusätzliche Sicherheit, und sie ermöglicht den Wiedereinstieg in das Gespräch an einer Stelle, die von allen Beteiligten als sinnvoll erachtet wird.

Beispiele für Prozessfragen:

Möchtet Ihr zu dem, was hier besprochen wurde, noch etwas anmerken?

Was wäre für Dich ein gutes Ergebnis dieses Gesprächs? Was soll dieses Gespräch bringen? Was könnte ein gutes Resultat dieser Sitzung sein?

Gibt es einen wichtigen Aspekt, über den wir noch gar nicht gesprochen haben, von dem Sie aber der Ansicht sind, dass er wichtig ist und dazugehört?

Welche verschiedenen Ansichten zu diesem Problem gibt es?

Inwieweit sind diese Ansichten verhandelbar? Wie lässt sich das erklären?

Wer hat schon mit wem über dieses Problem verhandelt, was ist dabei herausgekommen? Welche Lösungen sind noch versucht worden? Welche Vorstellungen von Lösungen und Lösungswegen gibt es?

Wer ist am meisten an einer Lösung interessiert? Wer noch? Wie lässt sich das erklären?

Wie geht es Dir hier bisher in diesem Gespräch? Sind Sie mit dem bisherigen Gesprächsverlauf zufrieden? Was können wir besser machen?

Was wäre die beste Frage, die ich Ihnen jetzt stellen könnte?

Nehmen wir einmal an, wir säßen heute zum ersten Mal hier, was wäre dann anders?

Warum glaubst Du, will Dich niemand verstehen? Welche Absicht könnte dahinter liegen?

Bei Rückzug oder Schweigen: War meine Frage nicht gut? Habe ich eine schlechte Frage gestellt?

Bei Unterbrechungen: Ich würde das gerne verstehen, was Dieter gerade sagt!

Wenn auf eine Frage nicht eingegangen wird: Ich verstehe nicht, wie sich Deine Antwort auf meine Frage bezieht, kannst Du mir das erklären?

5.10 Das Reflektierende Team

Die Arbeit mit einem „reflektierenden Team" (Andersen, 1987, 1990), die ich als letztes vorstellen möchte, scheint, was Zeitaufwand und „Personal pro Termin" angeht, sicher aufwendiger als andere Formen von Beratung.

Das ihr zugrundeliegende Prinzip erscheint mir dennoch in so vielen Situationen einsetzbar (z.B. in der unterrichtlichen Arbeit in einer Klasse, besonders wenn diese mit zwei Lehrern besetzt ist oder bei Fallbesprechungen im Kollegium, (Connemann/Kubesch, 1991) und zudem von so hoher Effektivität und Nützlichkeit, dass ich es hier kurz vorstellen will.

Entstanden ist diese Arbeitsform aus zwei simplen Überlegungen:

- In vielen systemisch arbeitenden Teams war und ist es üblich, dass der mit der Familie arbeitende Therapeut sich bei Bedarf zu seinen Kollegen zurückzieht, die das Gespräch hinter einer Einwegscheibe oder am Monitor beobachten, um sich mit ihnen über ihre Beobachtungen, ihre Hypothesen und über das weitere Vorgehen zu beraten, während die Familie im Beratungszimmer wartet. In diesen Gesprächen werden oft Gedanken und Ideen produziert, die für die Klienten bedeutsam sind, weil sie für sie neue Informationen darstellen würden, die sie aber (wegen der räumlichen Trennung) vielleicht nie erhalten.
- Der andere Ausgangspunkt bestand in der Erfahrung, dass die Therapeuten, die hinter der Scheibe saßen, öfter Witze machten über die Klienten oder sich abfällig über sie äußerten. (Vergleichbare Beobachtungen dürften sich in vielen Räumen machen lassen, die dem Personal vorbehalten sind, und wo Pfleger, Erzieher,

Krankenschwestern oder Lehrer unter sich sind.) Dadurch besteht die Gefahr, dass diese Beobachter anfangen, auf negative Elemente in den Gesprächen mit ihren Klienten zu achten und eine entsprechende selektive Wahrnehmung zu entwickeln: Sie registrieren die Schwächen der Familienmitglieder. Damit verlieren sie zunehmend die Möglichkeit, die Stärken, Kompetenzen und positiven Potentiale der Familie im Auge zu behalten. Sie riskieren so, ihre stützende Funktion für den Therapeuten, der mit der Familie arbeitet, zu verlieren.

Die Konsequenz aus diesen Erkenntnissen ist es, die Beratungen des Teams in demselben Raum und im Beisein der Familie stattfinden zu lassen, um deren Problem es geht. Diese Vorgehensweise wird als Arbeit im „Reflektierenden Team“ beschrieben:

Eine Gruppe (mindestens zwei Personen, ein Interviewer und ein Beobachter oder mehrere Beobachter, wobei dann auch der Interviewer nur zuhört) spricht über ihre Eindrücke aus einem Gespräch mit einem Problemsystem oder einer einzelnen Person in dessen Anwesenheit.

Im Folgenden will ich diese Strategie noch etwas präziser beschreiben, anhand eines kurzen Beispiels konkretisieren und dann nach den Vorteilen dieses Settings fragen.

- Das vielfältig modifizierbare Grundgerüst sieht so aus, dass ein Interviewer mit einer oder mehreren Personen spricht, die ein Problem haben. Der Berater benutzt dabei „angemessen ungewöhnliche“ Fragen, um für seine(n) Klienten möglichst viele neue Informationen zu erzeugen.

- Während dieser Phase sitzt das „Reflektierende Team“ im selben Raum, aber nicht mit im Gesprächskreis – und beobachtet schweigend und ohne einzugreifen das Geschehen.

- Nachdem alle Teilnehmer der ersten Runde (nacheinander) hinreichend zu Wort gekommen sind, haben die Klienten Gelegenheit, dem Gedankenaustausch zwischen Interviewer und Team (oder auch nur den Mitgliedern des Reflektierenden Teams) zu folgen, die möglicherweise neue oder nützliche Gedanken oder Ideen produzieren. Um diese Phase deutlich von der vorhergehenden abzusetzen, und um die Beobachterposition der Klienten in dieser Phase zu betonen, ist es manchmal sinnvoll, wenn diese mit dem Reflektierenden Team die Plätze wechseln.

- Das Reflektierende Team spricht ausschließlich untereinander oder mit dem Interviewer (so wie seine Mitglieder es hinter der Scheibe auch täten). Da die Klienten zuhören, beschreiben sie das Gehörte positiv, weisen auf Stärken des Systems hin etc.. Darüber hinaus geben sie ihre subjektiven Eindrücke, Ideen oder Assoziationen wider, die sie zu dem Gehörten hatten und die ihnen eventuell brauchbar (d.h. angemessen ungewöhnlich) erscheinen. Nicht ein Konsens des Teams ist von Interesse, sondern gerade eine Vielfalt von Ansichten, Bedeutungen und Ideen, je konkreter, etwa in Form von Geschichten, Bildern, Witzen, Metaphern..., desto besser
- Unabdingbare Voraussetzung ist ein Klima der gegenseitigen Wertschätzung! Aufgabe der Mitglieder des Teams ist es nicht, bestimmte Aussagen oder Verhaltensweisen zu analysieren, zu theoretisieren, zu pädagogisieren, zu bewerten, „richtigzustellen", zu relativieren etc.
- Danach schließt sich eine zweite oder gar dritte Runde an, in der zunächst wieder die Klienten und anschließend das Reflektierende Team Gelegenheit haben, zu dem Gehörten und Beobachteten Stellung zu nehmen.
- Eine direkte (verbale oder non-verbale) Kommunikation zwischen den Klienten und dem Reflektierenden Team findet nicht statt. Eine der beiden Gruppen befindet sich immer in einer reinen Beobachterposition.

Beispiel:

Die Mutter eines vom Klassenlehrer als schwierig erlebten Schülers kommt zur Schule zu einem Elterngespräch, in dem verschiedene unliebsame Erlebnisse thematisiert werden sollen. Zunächst erläutert der Klassenlehrer die Funktion des dritten Teilnehmers (d.h. er beschreibt die Arbeitsweise des Reflektierenden Teams) und fragt die Mutter nach ihrem Einverständnis. Nachdem das Gespräch einige Zeit gelaufen ist und nach einigem Hin und Her zwischen den beiden wendet sich der Klassenlehrer dem Beobachter, der bisher geschwiegen hat, zu und fragt ihn nach seinen bisherigen Eindrükken zum Gespräch. Ein reflektierender Zuhörer könnte dann in einer solchen Situation vielleicht folgendes **zum Klassenlehrer(!)** sagen:

„Ich bin sehr beeindruckt, dass Frau Schmidt hierhergekommen ist. Es zeigt mir, dass sie sich verantwortlich fühlt und sich engagiert für ihren Sohn, auch wenn sie selbst manchmal ratlos ist, was sie tun soll.

Sie ist gekommen, obwohl sie hier wahrscheinlich eher eine Gardinenpredigt erwartet, als ein Angebot zur Zusammenarbeit. Ich glaube, ihre Erfahrungen, die sie mit Schule gemacht hat, sind nicht besonders rosig – und trotzdem sitzt sie jetzt hier.

Ich bin auch überrascht, was sie schon alles unternommen hat, damit es besser wird (Aufzählung!). Sie ist wirklich sehr bemüht. Sie schaut nicht nur tatenlos zu. Aber sie hat bis jetzt oft ziemlich allein gestanden mit ihren Versuchen, die Sache in den Griff zu kriegen.

Ich könnte mir vorstellen, dass man auch ganz gut gemeinsam an einer Lösung arbeiten kann!"

Je besser der Beobachter zuhört und je spezifischer er in seinem Kommentar auf das Gehörte eingeht, desto wirksamer und nützlicher wird sein Beitrag wahrscheinlich sein.

Unabdingbar ist, dass ein solcher Kommentar wie der obige authentisch vorgetragen und ehrlich gemeint sein muss.

Vorteile:

- Der erste und sicher wichtigste Effekt ist der, dass durch dieses Arrangement für alle Beteiligten ein Optimum an neuen Informationen und an Wertschätzung geschaffen wird. Eine noch ergiebigere Situation ist schwerlich vorstellbar. Dies wird im Problemsystem zu Veränderungen und möglicherweise zur Auflösung des Problems führen.
- Die dauernde Anwesenheit aller Beteiligter und Betroffener führt dazu, dass einzelne Beobachtungen oder Ideen so vorgetragen und formuliert sein müssen, dass sie für alle auch annehmbar oder zumindest nachvollziehbar erscheinen.
- Der Interviewer erhält so manchmal Gelegenheit, „heiße Eisen anzupacken", wenn er mit den Klienten spricht – und doch neutral zu bleiben, weil das „Reflektierende Team" hierzu einen Gedanken produzierte. „Meine Kollegen haben mich gebeten, Sie zu fragen..."

Im Rahmen von Schule könnte die Arbeitsweise des „Reflektierenden Teams" eingesetzt werden:

- in Beratungsgesprächen – Berater und Klassenlehrer reflektieren über das Gesagte des Schülers, der zuhört – Berater und Schüler reflektieren über die Meinung des Klassenlehrers, der dabeisitzt, – Klassenlehrer und Schüler reflektieren über die Position des Beraters, der sich nicht einmischt;
- der Berater oder Klassenlehrer bringt einen zweiten Kollegen mit, der die Funktion des Reflektierenden Teams übernimmt;
- in Konferenzen, Fortbildungen, bei Fallbesprechungen etc. (Connemann/Kubesch, 1991);
- es kann überall da eingesetzt werden, wo zwei Lehrer gleichzeitig in einer Klasse arbeiten und sie bereit und in der Lage sind, mit dieser Rollenverteilung Probleme in der Klasse, mit dieser Klasse und vor dieser Klasse bei Beachtung des Positiven und ohne „pädagogisieren" zu wollen, zu reflektieren;
- Lehrer, die über hinreichende Erfahrung mit dieser Arbeitsweise verfügen, können auch alleine reflektieren, indem sie verschiedene, ihnen vorstellbare Sichtweisen formulieren: „Ein Teil von mir kann das sehr gut verstehen, ...aber ein anderer Teil in mir denkt da ganz anders...! Eine wunderbare Art des Reflektierens bei jüngeren Kindern ist die mit Hilfe einer Handpuppe oder Marionette.
- letztendlich können Schüler die Funktion des Reflektierenden Teams übernehmen. Zum Beispiel, wenn der Lehrer sich mit ihnen (emphatisch) darüber austauscht, was die einzelnen denken, warum sich ein anderer Schüler der Klasse so verhält, wie er es zur Zeit tut, wobei dieser Schüler Gelegenheit hat, sich das Gesagte anzuhören und gegebenenfalls dazu zu äußern;
- der Schüler wird in diesem Gesamtprozess als vollgültiger Partner gesehen. Die Tatsache, dass er beteiligt wird, dass er ernstgenommen wird, dass man ihm Selbststeuerungskompetenzen zuschreibt und ihm seine Eigenverantwortlichkeit lässt, bedeutet oft genug auch **verändertes Lehrerverhalten** (mach etwas anders!) und ist meines Erachtens gleichzeitig die denkbar beste Voraussetzung für die Einleitung positiver **Veränderungsprozesse im Verhalten des Schülers.**

6. Abschließende Bemerkungen

Dem aufmerksamen Leser wird es nicht entgangen sein: neben dem Thema der Beratung geht es in diesem Buch vor allem auch um **Innovation.**

Viele der Gedanken, Möglichkeiten, Fragen etc., die hier angerissen, vorgestellt und für den Rahmen von Schule als nützlich und brauchbar beschrieben wurden, werden sich nur bei einem entsprechenden Verständnis der Lehrer-Schüler Beziehung umsetzen lassen.

Eine Kollegin – selbst Beratungslehrerin – sagte mir einmal, sie kenne viele Kollegen, besonders im Hauptschulbereich, die des Kämpfens müde wären und die resigniert hätten vor dem täglichen Kleinkrieg in der Schule.

Vielleicht könnte ein erster Schritt getan werden, indem an die Stelle des Kämpfens der Versuch des Kooperierens tritt. Lehrer und Schüler lösen die negativen Regelkreise auf, in denen sie gefangen sind. Sie verhandeln die Ziele, die die einzelnen in der Schule verfolgen und anstreben, neu. Sie diskutieren die Rahmenbedingungen, unter denen sie Schulalltag erleben und suchen gemeinsam nach Lösungen. Je mehr es Lehrern und Schülern gelingt, sich gemeinsam aus rigiden Rollenvorstellungen und Erwartungshaltungen herauszulösen und diese zu **verflüssigen,** desto mehr Spielräume und Handlungsmöglichkeiten eröffnen sich ihnen. Efran (1992, 112) sagt sinngemäß:

Es ist einfacher, sich zu ändern,
wenn es einem erlaubt ist,
der zu sein, der man ist.

Insofern ist dieses Buch selbst ein Versuch eines **Anstoßes des Steines.** Auch kleine Veränderungen können große Folgen nach sich ziehen, und Präzisierungen oder Neubewertungen in unseren **inneren Landkarten** werden die Systeme, in denen wir leben, beeinflussen.

Hegel sagt: „Ist erst einmal das Reich der Vorstellung revolutionär, so hält die Wirklichkeit nicht stand“ (Belschner, 1982, 57).

Insofern ist systemische Beratung nicht eine besonders ausgefeilte Technik oder eine spezifische Art, zu fragen, das kann sie auch sein, wichtiger für den Prozess des sich miteinander Beratens scheint mir jedoch folgendes:

„Systemisch zu denken und zu handeln ist nicht per se therapeutisches, pädagogisches, medizinisches, biologisches ... Denken oder Handeln, sondern kann für diese Bereiche nutzbar gemacht werden. In diesem Sinne verstehe ich systemisches Denken als Metatheorie, d.h. wenn man diese Einstellung einnimmt, dann kann man praktisch in allen Bereichen systemisch denken und arbeiten" (Schumann, 1994, 33).

Die Frage, die offen bleiben muss, wenn es um Innovation geht, und die nur individuell beantwortet werden kann, ist die nach dem „Überleben in Institutionen" (vgl. Cecchin, 1993, 51ff), wenn diese ein eher repressives und kontrollierendes Verständnis ihrer Arbeit zeigen. Arbeiten und sich einbringen, ohne dass der Anspruch auf Innovation aufgegeben wird und ohne dass man selbst im Getriebe der Institution zerrieben wird. „Man muss zuerst selbst überleben, bevor man sein Kind retten kann", sagt Cecchin (1993, 53).

Ziele, die man sich steckt, sagt die Lernpsychologie, können nur zu groß, nie zu klein sein. Ein Scheitern weise immer auch darauf hin, dass der geplante Schritt der Veränderung zu groß angelegt war.

Offener formuliert ist der „systemische Imperativ", den von Foerster (1981, 60) vorgelegt hat: „Handele stets so, dass weitere Möglichkeiten entstehen."

Man kann den Sachverhalt natürlich auch aus satirischer Perspektive beschreiben. Etwa so:

Wenn es viele neue Ideen gibt
und viele alte Kollegen,
die dagegen sind,
dann muss man warten,
bis sie gestorben sind.

Zusammenfassend und abschließend lässt sich sagen:

Die Fall- oder Teamberatung auf systemischer Grundlage

– fördert eine nicht mehr personenbezogene, eben systemische Sichtweise von Konflikten und begreift Konflikte auch als Chance;

- sieht nicht nur die Problematik eines Einzelnen, sondern auch das System Schule als Gegenstand von Beratung (vgl. Käser, 1993);
- trägt dazu bei, allen Beteiligten respektvoll zu begegnen und auf selbstorganisierende Kräfte zu vertrauen;
- setzt auf die Autonomie und Eigeninitiative aller Beteiligten (Hilfe zur Selbsthilfe) – relativiert die Verantwortlichkeiten;
- bringt ein Stück Irritation, optimistische Leichtigkeit, Zuversicht und Humor in ein System und kann so einen ins Stocken geratenen Prozess neu anregen;
- gibt Mut in ausweglos erscheinenden Situationen und ist als präventives Element hilfreich gegen drohende Burnout-Prozesse;
- ist – last but not least – ein Innovationsinstrument, das dem Lehrer Anregung und Raum schafft, sich mit neuen Ideen und Konzepten auseinanderzusetzen und die Handlungsspielräume der Beteiligten zu erweitern (vgl. Pelzer-Georg, 1994, 98f).

Literatur

Adameit, H. u.a., (1978; 1983, 3. Aufl.), Grundkurs Verhaltensmodifikation, Beltz, Weinheim, Basel

Anderson, H., (1999), Das therapeutische Gespräch. Der gleichberechtigte Dialog als Perspektive der Veränderung, Klett-Cotta, Stuttgart

Amendt, G., (1979), Beratung als staatliche Antwort auf soziale Emanzipationsbewegungen, in: Nagel, H. / Seifert, M. (Hg.), (1979), Inflation der Therapieformen, rororo, Reinbek, 195-229

Andersen, T., (1987), The Reflecting Team. Dialogue and Meta-Dialogue in clinical work, in: Family Process, 26, S. 415-428

Andersen, T., (1990), Das Reflektierende Team. Dialoge und Dialoge über die Dialoge, verlag modernes lernen, Dortmund

Bachmair, S.; Faber, J.; Hennig, C.; Kolb, R.; Willig, W., (1989, 4. Aufl.), Beraten will gelernt sein, Ein praktisches Lehrbuch für Anfänger und Fortgeschrittene, Psychologie Verlags Union, München,

Bandura, A., (1979), Sozial-kognitive Lerntheorie, Klett-Cotta, Stuttgart

Barres, E.; Basler, E.; Diener, K.,(1990), Beratungslehrer, Beratungstätigkeit und Arbeitssituation, Eine empirische Studie, Leske und Budrich, Opladen

Bateson, G. u.a., (1969), Schizophrenie und Familie, Suhrkamp, Frankfurt a.M.

Bateson, G., (1983, 3. Aufl.), Ökologie des Geistes, Suhrkamp, Frankfurt a.M.

Bateson, G. u.a., (1988), Auf dem Weg zu einer Schizophrenie-Theorie, in: *Bateson, G., (1969, 1988,* 2. Aufl.) Schizophrenie und Familie, Suhrkamp, Frankfurt a.M., S. 11-43

Becker, G.E., (1978), Konfliktbewältigung im Unterricht, Klinkhardt, Bad Heilbrunn, 2. Aufl.

Belschner, W., (1982), Das Lernen aggressiven Verhaltens, in: *Selg, H. (Hg.),* (1982, 6. Aufl.), Zur Aggression verdammt?, Kohlhammer, Stuttgart, , 54-97

Berg, Insoo Kim, (1992), Familien-Zusammenhalt(en), verlag modernes lernen, Dortmund

Berg, Insoo Kim, (1993), Kurzzeittherapie bei Alkoholproblemen, Carl Auer, Heidelberg

Berg, I.K. / De Shazer, S., (1993), Wie man Zahlen zum Sprechen bringt: Die Sprache in der Therapie, in: Familiendynamik, 18.Jg., 146-162

Bildungskommission NRW, (1995), Zukunft der Bildung – Schule der Zukunft, Luchterhand, Neuwied

Boscolo, L. / Cecchin, G. / Hoffman, L. / Penn, P., (1988, 3. Aufl.), Familientherapie – Systemtherapie: Das Mailänder Modell, verlag modernes lernen, Dortmund

Brem-Gräser, L., (1993), Handbuch der Beratung für helfende Berufe, Bd. 1, Reinhardt, München, Basel

Bronfenbrenner, U., (1981), Die Ökologie der menschlichen Entwicklung, Klett-Cotta, Stuttgart

Bronfenbrenner, U., (1990), Ökologische Sozialisationsforschung, in: *Graumann, C.F., Kruse, L., Lautermann, E.D.,* (Hg.), Ökologische Psychologie, München, S. 76-79

Cecchin, G., (1988), Zum gegenwärtigen Stand von Hypothetisieren, Zirkularität und Neutralität: Eine Einladung zur Neugier, In: Familiendynamik, 13, S.190-203

Cecchin, G., Lane, G., Ray ,W., (1993), Respektlosigkeit, Carl Auer, Heidelberg

Cecchin, G., (1996), Wie sich Voreingenommenheiten von Therapeuten nutzen lassen, in: Keller, T., Greve, N. (Hg.), Systemische Praxis in der Psychiatrie, Psychiatrie-Verlag, Bonn, 209 – 213

Cohn, R., (1975), Von der Psychoanalyse zur themenzentrierten Interaktion, Klett, Stuttgart

Connemann, R. / Kubesch, B., (1991), Das Reflektierende Team als Fallbesprechungsmodell in Lehrergruppen, in: Zeitschrift für systemische Therapie, 9(2), S.128-136

De Shazer, S., (1989a), Der Dreh. Überraschende Wendungen und Lösungen in der Kurzzeittherapie, Carl Auer, Heidelberg

De Shazer, S., (1989b), Wege der erfolgreichen Kurztherapie, Klett-Cotta, Stuttgart

De Shazer, S., (1992), Muster familientherapeutischer Kurzzeit-Therapie, Junfermann, Paderborn

Deissler, K., (1986), Rekursive Informationsschöpfung. Zirkuläres Fragen als Erzeugung von Informationen, InFaM, Marburg

Deissler, K.,(1988), Erfinderisches Interviewen, in: Familiendynamik, 13.Jg., S. 345-363

Deissler, K., (1994), „Erfinde Dich selbst ...“ – ein therapeutisches Orakel, in: Zeitschrift für systemische Therapie, 12. Jg., 80 – 96

Dorrmann, W., (1991), Suizid: therapeutische Interventionen bei Selbsttötungsabsichten, Pfeiffer, München

Durkin, J., (1981), Living groups: Group psychotherapie and general system theory, Brunner/Mazel, New York

Efran, J. u.a., (1992), Sprache, Struktur und Wandel, verlag modernes lernen, Dortmund

Flammer, A., (1990), Erfahrung der eigenen Wirksamkeit, Einführung in die Psychologie der Kontrollmeinung, Hans Huber, Bern

Foerster, H. von, (1981), Das Konstruieren einer Wirklichkeit, in: *Watzlawick, P.(Hg.),*(1981), Die erfundene Wirklichkeit, Piper, München, S.39-60

Foerster, H. von, (1987), Entdecken oder erfinden, Wie läßt sich verstehen verstehen?, in: Rotthaus, W., (Hg.), Erziehung und Therapie in systemischer Sicht, borgmann publishing, Dortmund, 22 – 60

Foerster, H. von, (1988), Abbau und Aufbau, in: *Simon, F.B. (Hg.),* (1988), Lebende Systeme. Wirklichkeitskonstruktionen in der systemischen Therapie, Springer, Heidelberg

Foerster, H. von, (1996), in: Glasersfeld, E. von, Radikaler Konstruktivismus, Ideen, Ergebnisse, Probleme, Suhrkamp, Frankfurt

Foerster, H. von; Pörksen, B., (1998), Wahrheit ist die Erfindung eines Lügners, Gespräche fürSkeptiker, Carl Auer, Heidelberg

Freeman, J.; Epstein, D.; Lobovits, D.; (2000), Ernsten Problemen spielerisch begegnen, Narrative Therapie mit Kindern und ihren Familien, Verlag modernes lernen, Dortmund

Gordon, T., (1980), Familienkonferenz, rororo, Reinbek

Gordon, D., (1987), Therapeutische Metaphern, Junfermann, Paderborn,

Grell, J., (1974), Techniken des Lehrerverhaltens, Beltz, Weinheim, Basel

Grossmann, K., (2000), Der Fluß des Erzählens, Narrative Formen der Therapie, Carl Auer, Heidelberg

Hahn, K. u.a.(Hg.), (1993), Systemische Erziehungs- und Familienberatung: Wege zur Förderung autonomer Lebensgestaltung, Matthias-Grünewald Verlag, Mainz

Hargens, J., (1987), Die Wirklichkeit: Wahrheit oder Illusion?, In: Psychologie heute, 4, S.48-53

Hillenbrand, C., (1999), Einführung in die Verhaltensgestörtenpädagogik, Reinhardt, München ,Basel

Hoffman, L., (1987), Jenseits von Macht und Kontrolle: Auf dem Wege zu einer systemischen Familientherapie „zweiter Ordnung“, in: Zeitschrift für systemische Therapie, 5. Jg., 76-93

Horn-Wagner, D., (1992), Team – Widerstand – Supervision – Verzweiflung, in: *Kersting, H.J. / Neumann-Wirsig, H.(Hg.)*, Supervision – Konstruktion von Wirklichkeiten, Institut für Beratung und Supervision, Aachen, S. 81-118

Huschke-Rhein, R., (1989), Systemische Pädagogik: ein Lehr- und Studienbuch für Erziehungs- und Sozialwissenschaften, Köln

Käser, R., (1993), Neue Perspektiven in der Schulpsychologie, Handbuch der Schulpsychologie auf ökosystemischer Grundlage, Haupt Verlag, Bern

Keller, T., Greve, N. (Hg.), Systemische Praxis in der Psychiatrie, Psychiatrie-Verlag, Bonn,

Keupp, H. (Hg.), (1972), Der Krankheitsmythos in der Psychopathologie, U&S, München,

Keupp, H. (Hg.) (1979): Normalität und Abweichung, U&S, München,

Klebert, K., Schrader, E., Straub, W.G., (1985), Kurzmoderation, Windmühle Verlag, Hamburg

Kreie, G., (1990), Integrative Kooperation – Ein Modell der Zusammenarbeit, in: *Eberwein,H. (Hg.)*, (1990), Behinderte und Nichtbehinderte lernen gemeinsam

Kultusminister, Gemeinsames Amtsblatt vom 15. 11. 1985, 37. Jg., Nr.11

Ludewig, K., (1992), Systemische Therapie, Grundlagen klinischer Theorie und Praxis, Klett-Cotta, Stuttgart

Malik, F., (2000), Führen, Leisten, Leben; Wirksames Management für eine neue Zeit, DVA, Stuttgart, München

Maturana, H., (^{2}1985), Erkennen: Die Organisation und Verkörperung von Wirklichkeit, Vieweg Verlag, Braunschweig, Wiesbaden

Maturana, H., (1987), Der Baum der Erkenntnis: die biologischen Wurzeln des menschlichen Erkennens, Scherz Verlag, Bern, München

Meixner, J., (1997), Konstruktivismus und die Vermittlung produktiven Wissens, Luchterhand, Neuwied

Merton, Th., (1965), The way of Chuang Tzu, New Directions, New York,

Mills, J.; Crowley, R., (1986), Therapeutic metaphors for children and the child within, Brunner/Mazel, New York

Molnar, A. / Lindquist, B., (1990), Verhaltensprobleme in der Schule, Lösungsstrategien für die Praxis, verlag modernes lernen, Dortmund

Musil, R., (1999, 10. Aufl.), Der Mann ohne Eigenschaften, Rowohlt, Reinbek

Mutzeck, W. / Pallasch, W. (Hg.), (1987), Integration von Schülern mit Verhaltensstörungen, Beltz, Weinheim

Nagel, H. / Seifert, M. (Hg.), (1979), Inflation der Therapieformen, rororo, Reinbek

O'Connor,J. LaSala, M. (1990), Eine invariable Intervention als letzter Ausweg, Die Behandlung von chronischem Schulversagen bei Jugendlichen, in: Familiendynamik, 15. Jg., 305-321

Osterhold, G., (1992), Niemand ist allein verrückt, oder wer sitzt mit wem im Boot, in: systhema, 6.Jg., 41-46

Palmowski, W., (1994), Berufliche Belastungsfaktoren von E-Lehrern. Ergebnisse einer Befragung, in: *Benkmann, K.H. / Saueressig, K. (Hg.),* (1994), Fördern durch flexible Erziehungshilfe, vds Landesverband NRW, Dortmund, 374-379

Palmowski, W. / Zimmer, F., (1994), E-Lehrer als Berater von Kollegen, Eltern und Schülern im Rahmen integrativer Maßnahmen, in: *Benkmann, K.H. / Saueressig, K. (Hg.),* (1994), Fördern durch flexible Erziehungshilfe, vdsLandesverband NRW, Dortmund, 160-175

Palmowski, W. / Thöne, E., (1995), Zirkuläres Fragen – Was war das noch?, in: Zeitschrift für systemische Therapie, 13. Jg., H. 2, 111 – 120

Palmowski, W., (1996, 2000, 3. Aufl.), Anders handeln, Lehrerverhalten in Konfliktsituationen, borgmann publishing, Dortmund

Palmowski,W. / Freyling,B.,(1997), Kooperationsfördernde Gespräche mit Eltern durch Moderation, in: Zeitschrift für Heilpädagogik, 48. Jg., H.2, 120 – 123

Palmowski, W., (1998), Die autonome Schule – zu Risiken und Nebenwirkungen lesen Sie..., in: System Schule, 2. Jg., H.2., 14 – 19

Palmowski, W., (2000), Warum Beratung in der Schule immer wichtiger wird, in: System Schule, 4. Jg., H. 2., 50 – 52

Palmowski,W. / Heuwinkel,M., (2000), Normal bin ich nicht behindert, Wirklichkeitskonstruktionen bei Menschen, die behindert werden, Unterschiede, die Welten machen, borgmann publishing, Dortmund

Palmowski, W.,(2002), Beratung und Kooperation, in: Werning, R.; u. a., Sonderpädagogik – Lernen, Verhalten, Sprache, Bewegung und Wahrnehmung, Oldenbourg, München, 341-388

Passavant, C. von, (1993), Teamberatung im Verständnis einer Systemikerin oder wider den Team-Mythos, in: *Neumann-Wirsig, H. / Kersting, H.J.(Hg.),* Systemische Supervision oder Till Eulenspiegel Narreteien, Institut für Beratung und Supervision, Aachen, S. 187 – 204

Pelzer-Georg, M., (1994), Teamsupervision und kollegiale Fallberatung an der Sonderschule für Erziehungshilfe unter besonderer Berücksichtigung des lösungsorientierten und reflektierenden Ansatzes, unveröffentlichte Staatsarbeit der Universität Dortmund, Fachbereich Sondererziehung und Rehabilitation

Penn, P., (1983), Zirkuläres Fragen, in: Familiendynamik, 8, S.198-220

Penn, P., (1986), „Feed Forward" – Vorwärts-Koppelung: Zukunftsfragen, Zukunftspläne, In: Familiendynamik, 11. Jg, S. 206-222

Redlich, A., (1992), Kritische Seiten systemischer Praxis in der Schule und ein „komunikative" Alternative, In: Zeitschrift für.systemische Therapie, 10(2), S.119-129

Redlich, A. / Schley, W., (1978), Kooperative Verhaltensmodifikation im Unterricht, U&S, München

Reich, K., (1998), Die Ordnung der Blicke, Perspektiven des interaktionistischen Konstruktivismus, Bd.1 und Bd.2, Luchterhand, Neuwied

Reiser, H. u.a., (1984), Sonderschullehrer in Grundschulen, Beltz, Weinheim

Reiser, H., (1987), Sonderschullehrer in hessischen Grundschulen – Ein Ansatz zur integrativen Arbeit bei Lern- und Verhaltensproblemen, in: *Mutzeck, W. / Pallasch, W. (Hg.),* (1987), Integration von Schülern mit Verhaltensstörungen, Weinheim, S. 131- 151

Rennert, M., (1989), Co-Abhängigkeit, Was Sucht für die Familie bedeutet, Lambertus, Freiburg

Retzer, A., (1993), Zur Theorie und Praxis der Metapher, in: Familiendynamik, 1993, 18.Jg., S. 125 – 145

Roderburg, S., (1998), Sprachliche Konstruktion der Wirklichkeit, Metaphern in Therapiegesprächen, DUV, Wiesbaden

Roedel, B., (1990), Praxis der Genogrammarbeit. Die Kunst des banalen Fragens, verlag modernes lernen, Dortmund

Rogers, C., (1972), Die nicht-direktive Beratung, Kindler, München

Rosenhan, D.L.,(1979), Die Kontextabhängigkeit psychiatrischer Diagnosen, in: *Keupp, H. (Hg.)* (1979): Normalität und Abweichung, U&S, München, S.115-135

Rothermehl, A. / Feierfeil, R., (1990), Zirkuläres Fragen als Methode der systemischen Therapie, in: Familiendynamik, 1990, 15.Jg., S. 33-345

Röthlein, B., (1993), Das Netzwerk in unserem Kopf, in: Kosmos, Heft 12, S. 44-51

Rotthaus, W., (Hg.), Erziehung und Therapie in systemischer Sicht, borgmann publishing, Dortmund,

Rotthaus, W. (1989), Die Auswirkungen systemischen Denkens auf das Menschenbild des Therapeuten und seine therapeutische Arbeit, in: Praxis der Kinderpsychologie und Kinderpsychiatrie, 38. Jg., S. 10-16

Schiepek, G., (1986), Systemische Diagnostik in der klinischen Psychologie, Psychologie Verlags Union, München

Schildberg, H., (2001), Wie wir uns selbst erfinden – die Kunst der Narration, in: System Schule, 5. Jg., H.1, 24 – 28

Schlippe, A. von, (1987, 6. Aufl.), Familientherapie im Überblick, Basiskonzepte, Formen, Anwendungsmöglichkeiten, Junfermann, Paderborn

Schlippe, A. / Schweitzer, J., (1996), Lehrbuch der systemischen Therapie und Beratung, Vandenhoek und Ruprecht, Göttingen

Schlüter, H., (1974), Grundkurs der Rhetorik, dtv, München

Schöne, Gerhard, (1993), Lieder, CD, Pila Music, Nr. 27221-2

Schraag, M. u.a.,(1994), Kooperation von Förderschule und Grund- und Hauptschule: Organisationsformen, Perspektiven und Grenzen, in: Zeitschrift für Heilpädagogik, S. 375-389

Schulz von Thun, F.,(1981), Miteinander reden 1, Rowohlt, Reinbek

Schulz von Thun, F.,(1989), Miteinander reden 2, Rowohlt, Reinbek

Schumann, A., (1994), Zur Bedeutung systemischen Denkens und Handelns für die Heimerziehung, unveröffentl. Diplomarbeit, Universität Dortmund, Fachbereich 13

Schweitzer, J., (1993), Systemische Ansätze in Beratungsdiensten, in: *Hahn, K. u.a.(Hg.),* (1993), Systemische Erziehungs- und Familienberatung: Wege zur FörOng autonomer Lebensgestaltung, Matthias-Grünewald Verlag, Mainz, S. 15-26

Schweitzer, J. / Reuter, D., (1991), Systemisches Denken in der Heimerziehung: Anregungen für Pädagogik, Beratung und Organisation, in: Praxis der Kinderpsychologie und Kinderpsychiatrie, 40. Jg., S. 171-176

Selg, H. (Hg.), (1982, 6.Aufl.), Zur Aggression verdammt?, Kohlhammer, Stuttgart

Selvini-Palazzoli, M., Boscolo, L., Cecchin, G., Prata, G., (1981), Hypothetisieren – Zirkularität – Neutralität: Drei Richtlinien für den Leiter der Sitzung, in: Familiendynamik, 6(4), S. 123-139

Selvini Palazzoli, M., Boscolo, L., Cecchin, G., Prata, G., (1987, 5. Aufl.), Paradoxon und Gegenparadoxon, Klett-Cotta, Stuttgart

Siebert, H., (1999), Pädagogischer Konstruktivismus, Eine Bilanz der Konstruktivismusdiskussion für die Bildungspraxis, Luchterhand, Neuwied

Simon, F.B. (Hg.), (1988), Lebende Systeme. Wirklichkeitskonstruktionen in der systemischen Therapie, Springer, Heidelberg

Simon, F., Rech-Simon, C., (1999), Zirkuläres Fragen, Systemische Therapie in Fallbeispielen: Ein Lernbuch, Carl Auer, Heidelberg

Speck, O.,(1989), Pädagogische Beratung unter dem Aspekt ökologischer Kommunikation, Zeitschrift für Heilpädagogik, H.6, S. 361-370

Spiess, W., (1998), Die Logik des Gelingens, Lösungs- und entwicklungsorientierte Beratung im Kontext von Pädagogik, borgmann publishing, Dortmund

Szasz, Th., (1972), Der Mythos von der seelischen Krankheit, in: *Keupp,H. (Hg.),* (1972), Der Krankheitsmythos in der Psychopathologie, U&S, München, S. 44-56

Thimm, K.H., (1992), Vom Nutzen systemischen Denkens. in: Soziale Arbeit, (1992), 41.Jg., H.1, S. 18-23

Thomann, C., Schulz von Thun, F., (1988), Klärungshilfe, Rowohlt, Reinbek

Voß, R. (Hg.), (1996), Die Schule neu erfinden, Luchterhand, Neuwied

Walter,J.L. / Peller,J.E., (1994), Lösungs-orientierte Kurztherapie, Ein Lehr- und Lernbuch, verlag modernes lernen, Dortmund,

Watzlawick, P.(Hg.),(1981), Die erfundene Wirklichkeit, Piper, München

Watzlawick, P., (1991, 3. TB-Auflage), Die Möglichkeit des Andersseins, Zur Technik der therapeutischen Kommunikation, Huber, Bern,

Watzlawick, P., (1983), Anleitung zum Unglücklichsein, Piper und Co, München

Weakland, J., Herr, J.,(1988, 2. Aufl.), Beratung älterer Menschen und ihrer Familien, Huber, Bern

Weinholz, S., (1994), Systemische Perspektiven einer Pädagogik bei Verhaltensbeeinträchtigungen – dargestellt am Beispiel der Magersucht im Kindes- und Jugendalter, unveröffentlichte Diplomarbeit, Universität Dortmund, Fachbereich Sondererziehung und Rehabilitation

Weiss, Th., Haertel-Weiß, M., (1993, 3. Aufl.), Familientherapie ohne Familie, Piper, München,

Wellershoff, D., (1972), Einladung an alle, Kiepenheuer & Witsch, Köln

Welsch, W., (1988), „Postmoderne“, Genealogie und Bedeutung eines umstrittenen Begriffs, in: Kemper, P. (Hg.), „Postmoderne“ oder Der Kampf um die Zukunft, Fischer, Frankfurt/M., 9 – 36

Werning, R., (1990), Systemische Praxisberatung für Lehrer(-innen) und Sonderpädagogen(-innen), in: *VdS Landesverband NW (Hg.)*: Neue Wege in der Erziehungshilfe, Dortmund, S. 23-29

White, M., Epstein, D., (1998), Die Zähmung der Monster, Der narrative Ansatz in der Familientherapie, Carl Auer, Heidelberg

Wocken, H. u.a. (Hg.), (1988), Integrationsklassen in Hamburger Grundschulen, Bilanz eines Modellversuchs, Curio Verlag, Hamburg

Raum für Notizen: